Ralph Gehrke

Ab jetzt vertraue ich niemandem

Ralph Gehrke

Ab jetzt vertraue ich niemandem

Wie Pflegekinder und Pflegeeltern darum kämpfen, eine Familie zu werden

Bloggingbooks

Impressum / Imprint
Bibliografische Information der Deutschen Nationalbibliothek: Die Deutsche Nationalbibliothek verzeichnet diese Publikation in der Deutschen Nationalbibliografie; detaillierte bibliografische Daten sind im Internet über http://dnb.d-nb.de abrufbar.

Bibliographic information published by the Deutsche Nationalbibliothek: The Deutsche Nationalbibliothek lists this publication in the Deutsche Nationalbibliografie; detailed bibliographic data are available in the Internet at http://dnb.d-nb.de.

Coverbild / Cover image: www.ingimage.com

Verlag / Publisher:
Bloggingbooks
ist ein Imprint der / is a trademark of
OmniScriptum GmbH & Co. KG
Heinrich-Böcking-Str. 6-8, 66121 Saarbrücken, Deutschland / Germany
Email: info@bloggingbooks.de

Herstellung: siehe letzte Seite /
Printed at: see last page
ISBN: 978-3-8417-7325-8

Inhaltsverzeichnis

Vorwort

Dies ist eine Geschichte darüber, welches Schicksal manche Menschen von früh an zu ertragen haben und wie sie sich darauf einstellen. Ich habe sie „Ab jetzt vertraue ich niemandem" genannt, weil Kinder, die vernachlässigt worden sind, es schwer haben, jemals wieder jemandem zu vertrauen. Manchmal gibt es einen Punkt, an dem sie das ganz klar äußern. Das geschieht in dieser Geschichte.

Es ist eine Geschichte darüber, wie diejenigen, die ihnen unendliches Leid zugefügt haben, Recht bekommen und diejenigen, die versuchen, ihre Interessen zu vertreten, kämpfen müssen, um gehört zu werden und schließlich doch scheitern können. Sie ist ein Lehrstück über das Wesen der Bürokratie in Deutschland. Die Akteure sind leibliche Eltern, die in der Erziehung ihrer Kinder gescheitert sind, Pflegekinder, die durch ihre leiblichen Eltern tief verletzt worden sind und deren Pflegeeltern, die die Aufgabe haben, diese verletzten Kinder zumindest bis zu ihrer Volljährigkeit zu begleiten und die Mitarbeiter des Jugendamtes, von deren Entscheidungen das Wohl des Pflegekindes maßgeblich abhängt.

Die Personen in dieser Geschichte sind frei erfunden. Ähnlichkeiten mit real existierenden Personen sind rein zufällig, zeigen jedoch, dass die Vorkommnisse und Situationen in dieser Geschichte alles andere als realitätsfern sind, so unglaublich und stellenweise kurios sie sich auch anhören mögen.

Diese Geschichte enthält Anschreiben und Analysen, die fiktiv sind. Sie dienen der Darstellung der Probleme, beziehen sich jedoch nicht auf real existierende Personen.

Die Geschichte beginnt mit dem Tag, an dem die Pflegeeltern Nico und Ruth sich von ihrer Pflegetochter Susann nach Jahren trennen mussten. Sie mussten einen Schritt gehen, der für alle Pflegeeltern die schwerste aller Erfahrungen bedeutet: Ein Kind abgeben zu müssen, ohne es geschafft zu haben, es bis zur Volljährigkeit und darüber hinaus zu begleiten. Ihm die familiäre Geborgenheit entziehen zu müssen. Dafür gibt es immer gute Gründe.

So beginnt die Geschichte eigentlich erst mit dem zweiten Kapitel, als Nico und Ruth ihre zukünftigen Pflegekinder kennenlernen und erzählt die Entwicklung, die zu ihrem dramatischen Ende am Anfang des Buches führt.

Schmerzliche Trennung

Der Wendepunkt

Sonntag. Wie die meisten Sonntage, mit gemütlichem Frühstück am Küchentisch mit Susann und Jeannett. Die Wochenplanung ist gemacht. Wir hoffen, dass wir das Wochenende ohne Stress und Auseinandersetzungen beschließen können, nachdem der gestrige Tag ruhig verlief. Dennoch ist alles vorbereitet. Susanns Kleidung ist zum großen Teil in Kisten verpackt, um zu verhindern, dass sie sie wieder in ihrem Zimmer auf dem Fußboden verteilt oder zerreißt oder zerschneidet. Nächste Woche muss etwas passieren. Nur weiß ich nicht, was. Alle meine Bemühungen sind gescheitert. Es gibt keine Möglichkeiten mehr, Susann zu helfen. Zwei Kliniken habe ich angerufen, die mit traumatisierten Kindern arbeiten. Sie können Susann nicht aufnehmen, weil sie erstens ausgelastet sind und zweitens wir nicht in ihrem Versorgungsgebiet liegen. Für uns zuständig ist eine Klinik, die nur eine allgemeine psychotherapeutische Abteilung betreibt; kein Wort von Traumatherapie. Das geht gar nicht.

Die andere Möglichkeit wäre, Susann in einer Wohngruppe unterzubringen, die therapeutisch orientiert ist und Susann zunächst erst einmal helfen könnte, sich selbst zu finden und mit ihren vielfältigen seelischen Verletzungen zurecht zu kommen. Jahrelange tiefenpsychologische Therapie hat nichts gefruchtet. Susann ist jetzt zwölf Jahre alt und am Anfang der Pubertät. Aber: keine Chance. Alle verfügbaren Wohngruppen im Umkreis sind voll. Auch nehmen sie mich als Pflegevater nicht richtig ernst, einige Träger bestehen auf einer Anfrage durch das Jugendamt.

Da geschieht es. Wir bitten Susann, den Tisch abzuräumen. „Nein, mach ich nicht. Warum denn?“ Noch ein Versuch. Dann geschieht es. Susann schreit, tobt, „Ihr seid so gemein, so fies.“ Dann verstummt sie, sitzt am Tisch und ist nicht mehr ansprechbar. Ruth, meine Frau, und Jeannett, ihre Schwester, zittern und weinen. Mir schlägt das Herz bis zum Hals. Ich weiß genau um Susanns Probleme, ihre dissoziative Persönlichkeit und weiß, eine halbe Stunde später kann sie das liebste, anhänglichste Mädchen sein. Aber die Zeit zwischen den Aggressionsschüben verringert sich beständig und macht unsere Familie kaputt. Erklärungen, die ich für Susanns Verhalten kenne, nutzen nicht mehr. Wir fühlen uns von allen verlassen in diesem Chaos. Etwas muss geschehen.

Als Susann in ihr Zimmer verschwindet, die Tür zuknallt, dass sie fast aus den Angeln fällt und laut schreit und weint, nehme ich die Gelegenheit wahr und hole Ruth und Jeannett am Küchentisch zusammen. Jeannett ist aufgelöst. Mit finsterer Miene und tränenerstickter Stimme flüstert sie leise: „Wenn die nicht geht, gehe ich.“

Wir wissen, dass das keine leere Drohung ist. Jeannett hat schon seit längerem beschlossen, sich ihr eigenes Leben aufzubauen und mit uns zusammenzuarbeiten. Seit ich es geschafft habe, sie an einer der letzten Gesamtschulen unterzubringen, zeigt sie Engagement und ist sehr vernünftig geworden, fast zu vernünftig. Traumatisierte Kinder nehmen häufig ihr Schicksal selbst in die Hand und wirken dabei sehr erwachsen. Besonders dann, wenn sie, wie Jeannett, jahrelang für ihre Geschwister sorgen mussten, als ihre Eltern nicht für sie da waren und sie vernachlässigten.

Etwas muss geschehen. Wir beschließen, dass wir uns von Susann trennen müssen, um uns selbst zu retten. Wir wollen sie noch heute in eine Krisengruppe des örtlichen Kinderheimes bringen. Wir brauchen Entlastung, damit wir bestehen können.

Also rufe ich, wie letzte Woche schon, die Kindernotdienstnummer an. Dies ist eine Zentrale der Feuerwehr, die den Anrufer zum örtlichen Notdienst des Landkreises weiterleitet. Wir sprechen mit der diensthabenden Sachbearbeiterin, die sich mit der Krisengruppe in Verbindung setzt. Sie ruft uns an und wir kündigen an, dass wir Susann binnen zwei Stunden abliefern werden.

Jetzt gilt es. Susann hat sich, wie zu erwarten, beruhigt. Wir bitten sie zu uns an den Küchentisch. Ich erkläre die Situation in aller Ruhe.

„Susann, du weißt, was heute passiert ist und du weißt, dass es so nicht weiter gehen kann. Es geht Jeannett schlecht, es geht uns beiden, Ruth und mir schlecht, und dir geht es auch schlecht. Wir brauchen jetzt unbedingt Abstand voneinander. Also haben wir beschlossen, dass es das beste für alle ist, wenn wir dich in die Krisengruppe des Kinderheimes bringen."

Sie nickt mit gebeugtem Kopf.

„Wir werden jetzt die Sachen, die du brauchst, zusammensuchen, und dann fahren wir los."

Nicken mit gebeugtem Kopf. Gespannte Blicke von Ruth und Jeannett. Nichts passiert.

„Also lasst uns anfangen."

Ruth und Jeannett tragen die bereits gepackten Kleidungsstücke zusammen. Kisten werden gepackt. Susann sucht die Dinge zusammen, die ihr wichtig sind, während ich notwendige Dinge zusammenstelle wie den Pass, die Krankenversicherungskarte und das Asthmaspray.

Susann kommt in mein Kellerbüro. „Kannst du mir noch ein paar Urlaubsfotos von uns ausdrucken, ich möchte sie so gerne mitnehmen."

Ich kämpfe mit den Tränen, während der Drucker rattert. Es gibt kein Zurück mehr. Aber ist die Entscheidung wirklich richtig? Haben wir uns genug Mühe gegeben? Warum bekommen wir nur Ablehnung anstatt Unterstützung? Andererseits müssen wir Jeannett schützen. Es ist alles so schlimm.

Endlich ist es so weit. Wir laden die Sachen ins Auto und fahren los. Jeannett hat für Susann eine Federtasche mit Stiften gefüllt und gibt sie ihr zusammen mit ein paar Erinnerungsstücken mit. Die Stimmung ist gelöst, fast so, als ob uns allen eine schwere Last genommen wäre.

Die Erzieherin, die für die Aufnahme verantwortlich ist, ist freundlich und verständnisvoll. Ruth, Jeannett und ich sprechen zunächst allein mit ihr und schildern ihr die Situation und Susanns Probleme. Dann kommt Susann dazu, die schon mal ihr Zimmer in Augenschein genommen hat. Sie muss jetzt ihre eigene Einweisung unterschreiben. Sie tut es, ohne mit der Wimper zu zucken. Eine kurze. herzliche Verabschiedung und wir sind wieder draußen. Zu dritt.

Der Abend verläuft gespenstisch ruhig. Jeannett zieht sich in ihr Zimmer zurück. Niemand spricht mehr über diesen Tag. Der Tag, der alles ändert. Juristisch ausgedrückt haben wir etwas getan, wogegen wir uns immer gewehrt haben. Wir haben Susann in die Obhut des Jugendamtes gegeben. Wir werden später erst begreifen, was das bedeutet. Wir haben Susann in die Obhut von Fachleuten geben müssen, in der Hoffnung, dass ihr besser geholfen werden kann. Aber wir haben ab jetzt nur noch wenig Einfluss darauf, was für Susann entschieden wird. Man wird uns noch häufig genug auf diese Tatsache verweisen.

Im Winde verweht
Für Susann

Wir haben es gewagt
Du, deine Schwester und wir
Großes hatten wir vor
Alle haben uns bewundert
Alle haben dich geliebt
Es hätte so schön sein können
Eine Familie, alles im Glück
Es ging nicht. Es hat nicht sollen sein.
Wie tanztet ihr auf der Terrasse im Sonnenschein
Fröhlich waren sie, die ersten Tage
Wie oft habe ich gesungen, bis ihr schlieft
Die Angst verscheucht
Vor dem, was du erlebtest
Schlimmes, Grausames
Es hat dich geprägt
Immer war es da
Alles ist
Im Winde verweht

Kannst du es noch hören,
Das Rauschen des Meers
Die Sonne, wie sie brannte
Oben im Norden, wo ihr nie wart zuvor
Das Zelt am Strand
Verweht im Wind der Zeit

Weißt du noch
Wie es war, auf dem Gletscher
Die Berge zu sehen war euer Wunsch
Das Hexenwasser auf der Alm
Die Sonne, hinter den Bergen versinkend
Der Wind der Zeit hat es uns genommen
Die Burg die sie bauen
Weit weg im französischen Land
Der Fluss und die gewaltigen Kirchen
Bistros und Cafes
Die steinernen Häuser im Westen am Ende der Welt
Keltische Tänze und Fischerfeste
Brausende Wogen
Erinnerst du dich?
Oder ist es im Dunkeln
Vom Winde verweht?

Kennst du sie noch, die weißen Felsen
Erst weit weg und dann so nah
Eine andere Sprache, eine andere Welt
Lebende Museen, und wieder das Meer
Auf dem Meridian standst du über der Stadt
Unter dem Observatorium
Weißt du noch?
Alles weg mit dem Wind?

Die schwarze Vergangenheit
Sie holte dich ein
Du wusstest nicht mehr, was ist heute
Was ist vergangen
Wo lauern die Leiden, die dich verfolgen
Kannst sie spüren als wäre es jetzt
Die Angst überkommt dich
Die Menschen von damals sind wieder da
Der Hunger, die Pein
Alleinsein
Du musst dich wehren
Weißt du
Es sind nicht die von damals
Du glaubst, du hast es nicht verdient
So viel Gutes kann nicht sein
Die dunklen Tage
Nie verweht im Wind

Immer hier und jetzt
Französisch möchtest du lernen

Es gibt kein schöneres Land, so sagst du
Ein Stück Vergangenheit das du liebst
Du kannst es nicht leugnen
Es verweht nicht im Wind

Die, die für dich jetzt entscheiden
Sie kennen dich nicht
Sie wissen nichts von alledem und von dir
Du weißt es genau
Sie wollen dass du zurückkehrst in die alten Tage
Sie kennen nur sich selbst
Was sie tun, halten sie für richtig
Nichts wissen sie
Tapfer versuchst du dich anzupassen
Verleugnest all die schöne Zeit
Und sei ich der einzige
Ich kann dich verstehn

Ich wünsche dir Wind
Der durch deine Haare streicht
So wie du es so gerne magst
Er säuselt dir zu
Vergiss nie, wer du bist
Finde den Weg
Suche dir Menschen, die dir helfen

Sei wie der Wind
Beständig weht er weiter
Er weht nie zurück
Zurück in die dunkle Zeit.

Das Kennenlernen

Wir kämpfen um Pflegekinder

Es wird so langsam klar: Obwohl der Landkreis per Zeitungsannoncen Pflegeeltern sucht, bekommen wir keine Kinder. Sicher, wir haben einmal abgelehnt. Die Mutter hat psychische Probleme, der Junge ist stark verhaltensgestört. Sie müsste sozusagen "mitbetreut" werden. Der Wohnort liegt sechzig Kilometer von unserem entfernt.

Es reicht uns. Wir suchen andere Lösungen. Seit wir mit Sigrid, unserer ältesten Pflegetochter in diesen Kreis gekommen sind, geht es mit Frau Schilling, unserer zuständigen Sachbearbeiterin im Jugendamt nicht gut. Sie scheint uns nicht zu wollen. Also wenden wir uns an das Jugendamt, das in Hamburg für uns zuständig war und uns überprüft hat:

Pflegekinder aus Hamburg nach Niedersachsen…

Sehr geehrte Frau Beltz-Grenardier,

es hat uns keine Ruhe gelassen, und so haben wir uns kundig gemacht, ob nicht auch aus Hamburg Pflegekinder nach Niedersachsen (genauer: Denkendorf) vermittelt werden könnten. Der Grund dafür ist ganz einfach: Alle bisherigen Anbahnungsphasen gestalten sich sehr aufwendig, da wir am oberen Ende des Landkreises wohnen und wir mitunter sehr weit fahren müssen, um eine Einrichtung zu erreichen. Dennoch stehen wir zur Zeit mit Frau Schilling im Jugendamt Lüneburg in Kontakt, um eine Anbahnung in einer Einrichtung in Lüneburg zu beginnen.

Mit einem Schreiben an den Senator für Jugend, Bildung und Sport, das wir Ihnen beilegen, haben wir versucht, eine Klärung zu erreichen. In der beigefügten e-mail-Antwort hat uns Herr Grenz die Voraussetzungen erläutert und uns geraten, direkt mit den Stadtteilverwaltungen Kontakt aufzunehmen.

Wir wenden uns nun an Sie als der Stelle, die sowohl derzeit unsere Eignung festgestellt hat als auch die Voraussetzungen unserer Pflegestelle kennt. Auch Frau Schilling vom jetzt zuständigen Jugendamt kennt diese Voraussetzungen. Dementsprechend sind die von Herrn Grenz genannten Bedingungen optimal erfüllt.

Wir können uns gut vorstellen, dass Kinder aus ihrer momentanen Situation in einer Großstadt herausgelöst werden müssen, um in ruhiger Atmosphäre eine positive Entwicklung zu nehmen. Wir sind unter diesen Voraussetzungen dazu bereit, weitere Pflegekinder aufzunehmen.

Zeitgleich mit diesem Schreiben werden wir Frau Schilling vom Jugendamt des Landkreises Lüneburg anschreiben und ihr die oben beschriebene Situation ebenfalls schildern. Wir würden es begrüßen, wenn beide Jugendämter in Kontakt treten, um eine Vermittlung von Pflegekindern aus Hamburg in unsere Pflegestelle zu ermöglichen.

Bitte teilen sie uns möglichst bald mit, wie sie die Chancen für die Vermittlung Hamburger Kinder in unsere Pflegestelle unter diesen Voraussetzungen sehen.

Freundliche Grüße

Es ist kaum zu fassen: In einem Land, in dem es jedes Jahr 200.000 missbrauchte, vernachlässigte Kinder gibt, müssen Pflegeeltern um Pflegekindern betteln und ihre Dienste anbieten. In eben diesem Land gelten Verwaltungsprobleme zwischen Gemeinden und Bundesländern mehr als das Wohl von Kindern, die missbraucht und vernachlässigt wurden. In eben diesem Land gibt es Fälle, in denen Kinder ihren traumatisierenden Eltern zurückgeführt werden, um das Geld für die Pflegestellen zu sparen.

Ist Deutschland ein kinderfreundliches Land?

Erstbegegnung

Heute ist es soweit. Das erste Mal, dass wir sie sehen, unsere beiden Mädchen. Wir waren beim Jugendamt, haben uns Informationen geholt, uns vorgestellt. Nun sollen wir sie kennen lernen.

Das Heim ist evangelisch, wir werden von einer jungen Diakonisse in Tracht begrüßt. Sie macht einen netten, kompetenten Eindruck.

Es ist wie im Film. Die beiden Geschwister stehen uns gegenüber, Hand in Hand. Es fehlen nur noch die großen Schleifen im Haar. Sie heißen Susann und Jeannett, sechs und acht Jahre alt. Die junge Frau sagt: "Das sind eure Pflegeeltern."

Hoppla! So schnell geht das wieder? Wir stellen uns mit Ruth und Nico vor.

„Wollen wir was unternehmen?“, fragen wir. „Au ja“, antworten beide voller Freude und wie aus einem Munde.

Wir machen einen Spaziergang, die beiden tollen um uns herum. Sie sind locker und gelöst, aber sie halten zusammen. Wir beobachten auch, dass die Ältere die Jüngere beschützt und auch etwas beherrscht.

Inzwischen sind wir gebrannte Kinder. Wir freuen uns zwar, aber wir sind vorsichtig, um nicht wieder enttäuscht zu werden. Wir vereinbaren einen weiteren Besuchstermin zum Geburtstag von Susann. Und wir sind vorsichtig optimistisch. Kinder in der Anbahnugsphase als "süß" zu bezeichnen, liegt uns fern. Wir wissen, dass die beiden vernachlässigt worden sind, dass Jeannett Susann oft hat beaufsichtigen müssen und für sie verantwortlich war. In ihrer Gegenwart ist während eines Besuchskontakts in ihrem Elternhaus eine Straftat geschehen. Sie haben bestimmt beide ihr Päckchen zu tragen. Die Auswirkungen sollten sich noch zeigen.

Susanns Geburtstag

Geburtstage sind für Kinder sehr wichtig. Da stehen sie allein im Mittelpunkt, bekommen Geschenke, alles dreht sich um sie. Alle zeigen ihnen Aufmerksamkeit und wie willkommen und wertvoll sie auf dieser Erde sind.

Das ist bei Heimkindern nicht anders, eher wichtiger. Schließlich haben es ihre leiblichen Eltern nicht hingekriegt, ihnen zu zeigen, wie wichtig sie ihnen sind. Das kommt manchmal erst dann, wenn die Kinder in einer Pflegefamilie angekommen sind und sich zeigt, dass sie sich hier wohler fühlen als im eigenen Elternhaus.

Also nutzen wir die Gelegenheit und besuchen die beiden Mädchen, die vielleicht einmal bei uns aufgenommen werden sollen.

Susann ist heftig erregt und freut sich über unseren Besuch. Sie hat vom Heim ein paar Geschenke bekommen, nur ihr Vater scheint das Datum vergessen zu haben. Den Kuschelteddy, den wir ihr mitgebracht haben, schließt sie sofort in ihre Arme und lässt ihn nicht los, während wir mit den beiden spielen.

Schließlich macht die junge Diakonisse uns den Vorschlag, doch etwas spazieren zu gehen. Beide Kinder werden für das winterliche Wetter eingepackt und wir suchen uns einen schönen Weg am Ufer des in der Nähe liegenden Flusses. Susann weicht Ruth nicht von der Seite und erzählt vom Alltag im Heim. Jeannett tobt um mich herum. Susann aber wird immer stiller.

„Ich habe Kopfschmerzen und mir ist ganz heiß.", sagt sie mit leiser Stimme. Also treten wir den Rückweg an. Im Heim angekommen, stellen die Erzieher fest, dass sie fiebrig ist und beginnt, asthmatisch zu husten. Sie muss sofort ins Bett und wir verabschieden uns.

Wir kennen das schon von Sigrids Anbahnung. Sigrid ist vor acht Jahren zu uns gekommen und wird in Kürze eine Ausbildungsstelle weit weg von uns antreten. Heimkinder reagieren sehr feinfühlig auf solche Veränderungen und zeigen das auch körperlich. Fieber ist der normale Ausdruck für die spannungsgeladene Situation und ihr Aufgewühltsein. Wir wissen: Es hat nichts mit uns zu tun.

Es war dennoch ein schöner Tag. Wir haben einem Menschlein zeigen können, wie wertvoll es ist, vielleicht das erste Mal, dass Susann so etwas erfahren hat. Wir sind erfüllt von diesem Gefühl.

Hintergründe

Heute sind wir zum Jugendamt eingeladen. Es geht um die Biografie der beiden Mädel und um die Hintergründe der Vermittlung. Wir sitzen in einem weiß getünchten Raum mit zwei Schreibtischen und einem Besprechungstisch. Mit uns sind Frau Wehrmann, die für Susann und Jeannett zuständige Sachbearbeiterin und die für den Kindesvater zuständige Frau Süßberg.

„Wie war der erste Kontakt?", will Frau Wehrmann wissen. Wir berichten unsere ersten Eindrücke. Und wir sind gespannt, was uns die beiden zu berichten haben.

Beide Mädel sind schon seit längerem beim Jugendamt bekannt. Sie sind offensichtlich von ihrer Familie häufig allein gelassen worden, so dass Jeannett, die Lieblingstochter des Kindesvaters, auf ihre Schwester aufpassen und öfter Nahrung besorgen musste. Sehr zeitig schon trennte sich die Kindesmutter von der Familie. Der Vater war häufig auf Sauftouren unterwegs. Ab und zu tauchte auch die Mutter auf, um mit zu trinken. Die Kinder spielten für sie keine Rolle.

Auch wurden die Kinder eines Morgens um zwei Uhr in Frankfurt, mitten im Vergnügungsviertel in Begleitung zweier Männer von der Polizei aufgegriffen und zum Kindesvater zurück gebracht. Der beteuerte, es sei alles in Ordnung und er habe davon gewusst.

Letztes Weihnachten, als die Familie für wenige Monate wieder vereint war, geschah das Ungeheure. Der Vater versucht, die Mutter in Anwesenheit der Kinder umzubringen. Die Kinder, die auf Besuchskontakt in der Familie sind, werden von der Polizei zurück ins Heim gebracht.

Von nun an ist klar, dass eine Stabilisierung der Familie mit der Option der Rückführung nicht mehr in Frage kam. Der Kindesvater ist zu einer Gefängnisstrafe verurteilt, die er zu verbüßen hat. Dies führte nun dazu, dass Pflegeeltern für eine Dauerpflege gesucht wurden. Wir haben die Möglichkeit, Einblick in die Hilfepläne zu bekommen. Es ist die Rede von Alpträumen und Einnässen bei Susann und tiefer Verschlossenheit bei Jeannett. Auch wurde Susann dabei beobachtet, dass sie sich ganz ungeniert sexuell stimuliert. Polizeiberichte jedoch liegen nicht vor. Zu diesem Zeitpunkt können wir noch nicht ahnen, was auf uns zu kommt. Wie viel Energie wir aufwenden müssten, wie viel Wissen wir uns aneignen müssten. Trauma, Dissoziation, Vernachlässigung, Lolita-Syndrom sollten Worte werden, die uns ständig begleiteten. Wir waren absolut blauäugig und niemand hat uns gewarnt.

Fahrt mit der Bahn

Kinder, die im Heim leben, sind gut behütet und werden professionell betreut. Aber meist sehen sie nur ihre Umgebung. Manchmal gibt es Urlaubsreisen, die sind allerdings eher selten. Eine Fahrt mit der Bahn ist da schon ein Erlebnis.

Nachdem wir Jeannett und Susann nun schon einige Male besucht haben, setzt sich die Anbahnung auch mit Besuchen bei uns zuhause fort. Langsam zieht der Frühling ein und es ist mild. Das Heim ist dreißig Kilometer entfernt von unserem Wohnort und wir haben seit fast einem Jahrzehnt auf ein Auto verzichtet. Statt dessen fahren wir eine Stunde lang mit der Bahn.

Beide Mädchen sind voller Erwartung. Wir ziehen sie an und laufen zum Bahnhof. Beide tollen um uns herum. Dann kommt die Bahn und wir steigen ein. Susann schmiegt sich an Ruth und Jeannett blickt interessiert und mit wachen Augen aus dem Fenster. Sie liest jedes Bahnhofsschild bei jedem Halt und versucht sich die Reihenfolge zu merken. Am letzten Bahnhof liest Jeannett:

„Denkendorf! Ist das, wo ihr wohnt?”

„Wiee??? Deckeldorf???”, amüsiert sich Susann und alle lachen lauthals.

„Ja, hier wohnen wir”, bestätigt Ruth. Wir verlassen den Bahnhof und laufen durch das Wohngebiet, das aus großen Grundstücken mit gemütlichen, kleinen Häuschen besteht, durchsetzt von Wochenendgrundstücken. Der Weg vom Bahnhof ist besonders wichtig. Als wir vor unserem Haus angekommen sind, sehen wir die Mädchen leise staunen. Sie kennen nur das Heim und von früher den schäbigen, problembelasteten Kietz, in dem sie damals ihre ersten Lebensjahre verbracht haben.

Ruth macht Spaghetti mit Tomatensoße und alle langen kräftig zu. Es gibt Saft, vermischt mit Wasser aus dem Wassersprudler. Danach gibt es ein leckeres Eis.

Das Wetter ist schön. Die Terrassentür ist offen und während wir dort sitzen und einen Kaffee trinken, tollen die Mädchen im Garten herum und führen uns Tänze und kleine Theaterstückchen auf. Eine will die andere überbieten. Alles ist schön und harmonisch. Als ob sie schon immer bei uns waren.

So kommt denn die Zeit überraschend, als wir uns wieder auf zum Bahnhof machen müssen. Beide sind müde aber glücklich. Wieder prägt sich Jeannett die einzelnen Stationen ein und viele hat sie schon in der Reihenfolge behalten. Nach einer Stunde Fahrt landen wir wieder im Heim und die alte Welt hat unsere beiden wieder. Aber sie sind um eine Erfahrung reicher.

Das Schönste daran, Pflegekinder zu haben und bis zur Volljährigkeit zu begleiten ist es, zu beobachten, wie sie mehr und mehr Interesse an der Welt finden. Wie sie ihren Horizont erweitern und mit den anderen Kindern mithalten können. Wie sie die Welt verstehen lernen. Wie sie lernen, sich in Familienstrukturen einzufügen und davon zu profitieren. Wie sie zu wertvollen und akzeptierten Mitgliedern in dieser Gesellschaft heranwachsen.

Noch zeigt sich aber nicht, dass es ein Risiko ist, Geschwisterkinder aufzunehmen. Zwar hätten wir jetzt schon die Konkurrenz zwischen den beiden beobachten können und wie sie um unsere Aufmerksamkeit kämpfen. Aber wir sind zu verliebt in die beiden, um diese Anzeichen als ein Problem akzeptieren zu können. Wir sind erst einmal nur glücklich.

Der Osterausflug

Heimkinder sind dankbar für jede Abwechslung. Für den Karfreitag haben wir uns etwas Besonderes ausgedacht. Es ist frühlingsmild und die Vögel zwitschern. Besser kann ein Tag nicht sein.

Für diesen Tag haben wir uns ein Auto gemietet. Wir holen unsere beiden Mäuse aus dem Kinderheim ab und fahren in den Wald. Ruhig fließt der Fluss durch die Landschaft. Die beiden sind voller Spannung und sehen wie gebannt von der Rückbank aus auf die Umgebung.

Da! Was ist das? Ich muss bremsen. Vor dem Wagen ein Rudel Wildschweine. Die Kinder stoßen gleichzeitig einen hohen Schrei aus. Langsam teilt sich die Rotte und ich rolle an ihnen vorbei, so dass die beiden sie genau aus dem Auto heraus beobachten können.

„So etwas habe ich noch nie gesehen!", stößt Susann schreckgezeichnet hervor.

„Das gibt es überall", erkläre ich ihr, "man muss sich dann ganz ruhig verhalten, wenn man ihnen im Wald begegnet.

„Ich glaube, das könnte ich nicht", kommentiert die sonst so mutige Jeannett.

Wir parken das Auto und spazieren durch den Wald. Auf einem Spielplatz lassen wir die beiden toben. Schaukeln, klettern, rennen – und wir machen mit.

Als es etwas ruhiger wird, buddeln sie etwas in einer Sandkiste und präsentieren uns unaufhörlich mit Sandkuchen, die wir „essen" müssen. Plötzlich hält Susann inne, faltet ihre Hände und betet: „Lieber Gott, danke dafür, dass du uns so liebe Pflegeeltern gibst."

Damit haben wir nicht gerechnet. Sind sie uns schon so nah? Haben sie keine Bindung mehr an ihre Eltern? Was bringt ein Heimkind dazu, so zu reagieren?

Haben wir schon „gewonnen"? Oder möchte sie uns nur gefallen?

Egal, wir sind gerührt und genießen die Situation. In einem Restaurant am Fluss gibt es auf der Terrasse noch einen großen Eisbecher. Dann bringen wir sie wie versprochen wieder zurück. Ein herzlicher Abschied und wir machen uns auf nach Hameln, um dort Ruths Familie über Ostern zu besuchen.

Lange haben wir überlegt, ob es sinnvoll wäre, die beiden Mäuse mitzunehmen. Aber wir haben uns dagegen entschieden. Schließlich ist noch nichts fest und wir wollen nicht, dass sie Bindungen aufbauen und womöglich wieder abbrechen müssen. Aber wir haben ja die Zeit ab dem Ostermontag, wenn wir sie wieder holen dürfen und sie für eine Woche zu uns nach Hause beurlaubt sind. Wir freuen uns schon auf die Zeit.

Eine harmonische Woche

Anbahnungen bei Pflegekindern brauchen Zeit. Geht alles überstürzt, bedeutet das womöglich, dass Pflegeeltern und Pflegekinder doch nicht mit einander auskommen. Die Folge ist besonders bei traumatisierten Kindern katastrophal. Es kann einen erneuten Abbruch von schon gewachsenen Bindungen bedeuten und dazu führen, dass sich die Kinder an niemanden mehr binden und zu ihm Vertrauen aufbauen können.

Deshalb sind wir glühende Verfechter von sanften Anbahnungen. Dazu gehört, dass wir die beiden Mäuse am Ostermontag abholen, damit sie eine Woche lang bei uns verbringen können. Wir möchten sie möglichst gleitend in unseren Alltag einbinden. Wir wissen, dass sie aus einer zerrütteten Familie kommen, dass sie vernachlässigt und zu fremden Menschen abgeschoben wurden. Eine intakte Familie haben sie bisher noch nicht kennen gelernt. Der Alltag im Kinderheim ist nicht eben spannend, es gibt keine durchgehend verfügbaren Bezugspersonen. Ständig befinden sie sich in Konkurrenz zu anderen Kindern. So gut wie nie können sie sich zurückziehen und sich auf sich selbst besinnen. Wie werden sie auf das Leben in einer Familie reagieren?

Auch wenn wir beide Urlaub haben, die normalen Aufgaben, die in einer Familie erledigt werden müssen, stehen an. Dabei versuchen wir, die beiden Mädchen mit einzubinden. Noch ist alles spannend, noch ist alles neu. Ob es darum geht, den Tisch abzuräumen oder die Wäsche aufzuhängen, alles funktioniert ohne Murren. Etwas Besonderes ist es, die Katzen zu füttern. Deshalb dürfen sie diese Aufgabe im Wechsel übernehmen, Susann morgens und Jeannett abends. Tags über spielen sie in unserer ruhigen Wohnstraße oder dürfen auch mal zum Laden am Bahnhof gehen. Dann nehmen sie die Gelegenheit wahr, an der Eisenbahnschranke zu stehen und den Zügen zuzusehen.

Auch für Ausflüge bietet sich das Frühlingswetter an. Wir fahren in die Heide und die beiden tollen um die Hünengräber herum. Im Glasmuseum sehen sie gebannt dem Glasbläser zu. Es sind viele Eindrücke, die sie bekommen, aber schon bemerken wir, wie sich sie traurige Leere in ihren Gehirnen langsam füllt. Mit glänzenden Augen saugen sie alles auf, was ihnen begegnet.

Anders dagegen die Nächte. Es ist nicht einfach, die beiden überhaupt zum Schlafen zu kriegen. Angesichts der aufregenden Tage ist das auch nicht verwunderlich. So setze ich mich abends zum Einschlafen zu ihnen an die Betten und singe zur Gitarre Lieder wie „Puff the Magic Dragon" und zum Schluss ein Gute-Nacht-Lied wie "Old Lang Syne". Das gibt ihnen die nötige Ruhe.

Manchmal aber steht Jeannett abends um zehn im Wohnzimmer und klagt: „Ich kann nicht schlafen." Also mache ich ihr einen Gute-Nacht-Tee, der signalisiert: Ab jetzt ist wirklich Ruhe!, und es funktioniert.

Nachts erwachen wir fast täglich von Susanns Stöhnen und Weinen. Sie wird geschüttelt von Alpträumen. Also halte ich ihre Hand und spreche beruhigend auf sie ein, bis sie wieder einschläft. Wir können nur ahnen, welche Ängste sie nachts heimsuchen.

Als wir sie am Sonntag wieder ins Heim bringen, ist der Abschied herzlich. Es scheint, als könnten sie uns akzeptieren. Und wir haben einen ersten Einblick darin bekommen, was wir bereit sein müssen, zu leisten. Es wird nicht einfach, aber wir sind zuversichtlich, den beiden eine Familie bieten zu können, in der sie sich gut entwickeln können.

Der Sturz und die verlorene Mütze

Als Pflegeeltern in der Anbahnung möchte man sich von der Schokoladenseite zeigen. Alles ist perfekt, alles klappt, die Kinder sind hingebungsvoll und es gibt keine Zwischenfälle. So wünscht man es sich.

Jeannett und Susann sind wieder bei uns zu Besuch. Es ist ein weiterer schöner, sonniger Frühlingstag. Ruth und ich arbeiten im Garten und die Kinder spielen in unserer ruhigen Wohnstraße. Zwei Autos passen gerade aneinander vorbei, es gibt also keine Gefahr. Jeannett übt sich im Rollerskates-Fahren und Susann darf Sigrids altes Fahrrad ausprobieren.

Da plötzlich kommt Susann mit dem Fahrrad angeschossen. Sie gerät auf den Schotterstreifen am Rand. Der Lenker zittert, sie kann ihn nicht mehr halten. Sie stürzt auf die Seite und schlittert mit ihrem kurzen Kleidchen, das wir ihr gerade neu gekauft haben und ihrem linken Bein über den rauen Asphalt. Susann beginnt wie am Spieß gegrillt zu schreien. Ich stürze aus der Eingangspforte, nehme sie auf den Arm und trage sie über die Terrasse ins Wohnzimmer. Sie hat Schürfwunden, das Knie blutet. Mein Puls erreicht 130.

Äußerlich bleibe ich ruhig. Ruth ist eben eingetroffen, begreift sofort. Ich suche etwas zum Desinfizieren, eine Wundsalbe und Pflaster zusammen. Susanns Schreie sind einem leisen Wimmern gewichen. Ich beuge mich zu ihrem Knie herunter, stille das Blut, desinfiziere die Wunde und behandle alles mit der Wundsalbe. Zum Schluss platziere ich gekonnt ein Pflaster aufs Knie. Ich weiß: Das hat alles einen eher symbolischen Wert. Sie fühlt sich angenommen, ist der Mittelpunkt. Aber Susann lächelt leicht, als Ruth bemerkt: "Alles nicht so schlimm, bis zur Hochzeit ist alles wieder gut!"

Dann müssen wir uns auf machen, um die beiden wieder ins Heim zu bringen. Ein bisschen mulmig ist uns schon. Besonders, als uns im Zug auffällt, dass Susanns Mütze fehlt.

Susann ist ungewöhnlich zerknirscht. „Ich glaube, ich habe die Mütze verloren. Ich weiß nicht mehr, wo sie ist."

Uns ist das alles sehr peinlich. Hoffentlich hält man uns nicht für unprofessionell. Haben wir unsere Aufsichtspflicht etwa verletzt? Und das mitten in der Anbahnung? Sind wir schlechte Pflegeeltern? Wie wird das von den „Profis" aufgenommen? Wir sind uns nicht sicher. Aber die Betreuer sehen alles sehr locker.

„Das kann schon passieren, ist nicht so schlimm. Und ein paar Mützen haben wir auch noch", ist die unerwartete Reaktion.

Auf dem Heimweg gehen wir alles noch einmal durch. Wir sind froh darüber, dass uns allem Anschein nach niemand einen Vorwurf macht. Noch wissen wir ja nicht, dass das Verlieren von Sachen und Unfälle bei Susann zum Alltag gehören. Noch kennen wir die Hintergründe nicht. Die Bedeutung werden wir erst später erfahren.

Die Mädchen ziehen ein

Selbst für uns Erwachsene ist ein Umzug immer etwas Besonderes, Aufregendes. Man verlässt einen Ort, an dem man vielleicht schon lange gelebt hat und man hängt noch lange an diesem Ort. Am neuen Wohnort muss man sich einleben, man weiß nicht, was auf einen zukommt. Auch mich beschleicht noch immer ein merkwürdiges Gefühl, wenn ich dort, wo wir einmal wohnten, heute vorbei fahre.

Wie viel beeindruckender muss es erst für unsere Mädchen sein, wenn sie nun auf Dauer bei uns wohnen sollen! Sie haben schon an vielen Orten gewohnt und alle sind von Erlebnissen bestimmt, die selten positiv waren. Die Gefühle der Vernachlässigung am Wohnort ihrer Eltern, die vielen traumatisierenden Situationen, dann die Aufnahme im Kinderheim, die Besuche bei ihren Eltern, die Traumatisierung durch die Straftat, die sie mit erlebt haben und jetzt der Umzug zu uns nach jahrelangem Leben in einer Gruppe im Kinderheim, in dem sie sich immer gegen andere durchsetzen mussten und keine wirkliche Bezugsperson hatten.

Nun ist es so weit. Ich habe einen Pritschen-LKW gemietet, um ihre Habseligkeiten zu transportieren. Alles wird aufgeladen, die Kinder verabschieden sich herzlich von ihren Erziehern und den Gruppenmitgliedern.

„Selbst Achmet, der mich immer so geärgert hat, hat geheult", wird Jeannett später bemerken. Es ist ein sanfter Übergang, die Kinder und wir kennen uns inzwischen gut und es ist wie die Vollendung eines langen Prozesses.

Ruth fährt mit den Kindern wie immer mit der Bahn nach Hause. Ich komme mit dem LKW an, wir entladen alles und die Kinder räumen alles in das für sie schon vorbereitete Zimmer ein. Wir haben Schränke und einen Schreibtisch gekauft. Die

Tapeten sind noch die alten, der Teppich auch. Eine gute Entscheidung, wie sich später zeigen wird. Schon Frau Wehrmann, unsere Sachbearbeiterin im Jugendamt, hat uns dazu geraten, nicht alles zu erneuern. Hat sie schon etwas geahnt?

Wir haben uns entschieden, die beiden in einem Zimmer in einem Doppelstockbett gegenüber unserem Schlafzimmer unterzubringen. Wir hielten dies für sinnvoll, damit wir die Kontrolle haben und beide nicht gleich auseinandergerissen werden.

Der Abend verläuft wie immer: Abendessen, und dann das Zu-Bett-Geh-Ritual mit Singen und für Jeannett mit Einschlaftee. Die Alpträume bei Susann haben nachgelassen, sie schläft vor Jeannett ein, damit sie sich gegenseitig nicht stören. Es war eine gute Entscheidung, die Anbahnung länger zu gestalten; so kennen beide Kinder schon unser Haus und ihr Zimmer ist ihnen vertraut geworden. Ihre Spielsachen und ihre Kleidung, die meist neu ist, tun das Übrige zu der vertrauten Atmosphäre.

Für die Kinder war es ein geglückter Übergang. Für uns war es eine neue Situation, plötzlich drei Kinder zu haben. Sigrid, die ihr Zimmer im Obergeschoss hat, aber im September eine eigene Wohnung an ihrem Ausbildungsort beziehen wird, hat die beiden als ihre Schwestern akzeptiert. Auch Jeannett und Susann akzeptieren sie als die ältere Schwester, die natürlich schon für sich selbst entscheiden darf.

Ab jetzt haben wir die volle Last dessen mit zu tragen, was die Mädchen in ihrer frühesten Kindheit erlebt haben. Es ist so viel mehr als wir wissen und uns vorstellen können, das wird sich immer wieder zeigen.

Zelten, Urlaub und der Alltag

Au ja, wir zelten!

Für Kinder wie für einige Erwachsene bedeutet es eine Art von Freiheit, in der freien Natur zu schlafen, nur mit einem Leinentuch über dem Kopf. Für unsere beiden Mädels ist es etwas Besonderes, Neues, etwas nie Dagewesenes, Aufregendes. Für uns hat das Camping nichts mit Entsagung und fehlendem Luxus zu tun. Es bedeutet auch nicht, dass wir die Gemeinschaft von Gleichgesinnten besonders schätzen. Wir wissen nur, dass es Zeltplätze wie in Frankreich gibt, auf denen es an nichts fehlt, vom Stromanschluss bis zur Waschmaschine, und die für so viel Luxus sehr preiswert sind.

Es ist unsere Idee, mit den Kindern im Sommer zum Zelten zu fahren. Kinder mögen das Zelten. Sie beherrschen es intuitiv, so unsere Überzeugung. Trotzdem aber meinen wir, man sollte es vorher einmal ausprobiert haben.

Das Wochenendwetter ist nicht zu überbieten, strahlender Sonnenschein, trockene Luft, für einen Frühling ziemlich laue Nächte. Also beschließen wir, hinten im Garten das Zelt aufzubauen. Jeannett und Susann frohlocken, sie helfen uns mit dem Aufbau und nach getaner Arbeit toben sie um die Behausung herum.

Luftmatratzen, Schlafsäcke, Puppen und Kuscheltiere werden ins Zelt geschleppt. Alles ist für die Nacht in freier Natur bereit. Wie es sich gehört, grillen wir zünftig auf der Terrasse. Dann ist es Zeit, um ins Bett zu gehen. Die Mädchen verschwinden im Zelt und kuscheln sich in ihre Schlafsäcke. Noch ist es hell. Ein bisschen unterhalten sie sich noch, dann ist alles still. Die Dunkelheit ist eingebrochen. Vorsichtshalber haben wir die Kellertür unverschlossen gelassen.

Wir genießen den Tagesausklang vor dem Fernseher. Da hören wir eine Tür und Schritte auf der Treppe in den Keller. Susann steht im Wohnzimmer, verschlafen und verstört.

„Ich kann nicht schlafen. Ich habe Angst. Alles um das Zelt herum knackt und raschelt und ich habe auch schon wilde Tiere gehört, als ich aufgewacht bin."

Ruth nimmt sie in den Arm. „Du musst nicht draußen schlafen, meine Kleine", beruhigt sie sie. „Aber es gibt in unserem Garten keine wilden Tiere. Vielleicht mal eine Maus, aber das ist alles."

Susann schleicht in ihr Bett und schläft sofort ein. Vorsichtshalber schauen wir nach Jeannett. Die schläft tief und fest in ihrem Schlafsack.

Am nächsten Morgen ist Jeannett zeitig in der Küche.

„Was ist denn jetzt los?" ereifert sie sich. „Warum ist Susann nicht mehr im Zelt?" Und zu ihr gewandt: „Du bist wohl feige, hast du drin geschlafen?"

Ruth schaltet sich ein. „Susann war es ein bisschen unheimlich, da ist sie in ihr Bett gegangen. Das ist doch nicht schlimm."

Jeannett blickt verächtlich. „Wie willst du das denn je hinkriegen, wenn du nicht mal ein bisschen durchhalten kannst! Ich hab´s doch auch geschafft." „Hattest du keine Angst?" fragt Susann leise. „Das ist doch völlig unwichtig!" bellt Jeannett ihre Schwester an, „Ich hab´s geschafft und du nicht!"

Ruth kuschelt beide Mädchen an sich und beruhigt sie. „Das ist doch alles nicht so schlimm. Das nächste Mal kriegen wir das schon hin. Dann weiß Susann Bescheid und du, Jeannett, hilfst ihr und beruhigst sie, wenn sie Angst hat."

Jeannett blickt finster, aber sie traut sich nichts mehr zu sagen. Ist unser Vorhaben nun gescheitert? Jeannett will unbedingt zelten. Susann fürchtet sich.

Zum ersten Mal haben wir einen Eindruck von der Beziehung der beiden Schwestern zueinander bekommen. Jeannet ist draufgängerisch und beherrscht, sie traut sich nicht, Schwächen zuzugeben. Susann dagegen ist sensibel, ängstlich, fast schon weinerlich. Beide haben massiv Angst, unsere Zuneigung und Wertschätzung zu verlieren. Ihre Rollenaufteilung funktioniert nicht mehr. Jeannett braucht Susann nicht mehr wie zu den Zeiten der Vernachlässigung zu beschützen und Susann hat das erste Mal in ihrem Leben Erwachsene, die sich um sie kümmern. Das stellt die Weltbilder der beiden total auf den Kopf.

Später werden wir die Folgen dieser Rollenveränderungen noch genauer kennen lernen. Sie sollen die ganze Zeit, während sie bei uns leben, enorm prägen. Wir werden erleben, wie jede der beiden um unsere Aufmerksamkeit, um unsere Zuwendung buhlen und kämpft, wo es gar nichts zu kämpfen gibt. Aber sie kennen es nicht anders.

Eindeutig Missbrauch

Es gibt untrügliche Zeichen für sexuellen Missbrauch von Kindern. Leider werden diese jedoch auf die körperlich nachweisbaren Folgen reduziert. Was aber ist mit den kleinen Seelen, die zerstört werden?

Als wir in die Geschichte unserer beiden Mädel Einblick erhielten, wurden die Fachleute in diesem Punkt unsicher. Es könne schon sein, aber es hätten sich keine eindeutigen Beweise finden lassen. Wir meinen, sie gefunden zu haben.

Es ist Zeit für´s Abendessen, alle sitzen um den Tisch in der Küche herum und speisen. Nach dem Essen blödeln wir mit den Kindern noch etwas herum, alle sind fröhlich und lachen. Jeannett schmiegt sich an mich und kuschelt. Dann setzt sie mich auf meinen Schoß, die Beine gespreizt, ihr Röckchen nach oben geschoben. Sie beginnt, unzweideutige Bewegungen auszuführen, bis Susann sie herunter schubst.

„Ich will jetzt auch mal, Jeannett!", äußert sie lautstark und beginnt mit demselben Spiel. Ich hebe sie vorsichtig herunter und stelle beide neben mich.

„Jetzt hört mir mal zu, ihr beiden", beginne ich mit ernstem Ton, und beide merken, dass das, was ich zu sagen habe, wichtig ist.

„Das was ihr da eben beide gemacht habt, ist für Erwachsene. Ein Papa macht so etwas nicht mit seinen Töchtern. Schmusen und Toben ist okay. Aber wenn der Papa sagt, 'Jetzt ist's genug', dann hören wir auf. Ist das okay?"

Beide blicken verschämt auf den Boden und sind ganz ruhig. Als ob sie sich an irgend etwas erinnert fühlten. „So, und nun macht euch fertig für´s Bett. Ich spiele euch auch noch ein Lied vor, wenn ihr euch beeilt."

Ruth und ich sind sprachlos. Was war das für ein Spiel? Habe ich richtig reagiert, ohne den beiden mein Entsetzen zu zeigen? Hätten wir die Situation stärker thematisieren müssen? Auf solche Situationen bereitet kein Jugendamt die Pflegeeltern vor. In ihrem Repertoire kommen solche schambesetzten Situationen nicht vor.

Jahre später erfahren wir in einem Seminar für Pflegeeltern das Fachwort für dieses Verhalten. Es heißt „Lolita-Syndrom". Allgemein wird der Begriff eher auf Männer angewendet, die sich zu jugendlichen Frauen hingezogen fühlen. In der Psychologie beschreibt er jedoch das Verhalten von Kindern, allermeistens Mädchen, die Erfahrungen mit sexuellem Missbrauch gemacht haben. Um Schlimmeres zu verhindern, bieten sie sich dem männlichen Erwachsenen an, in der Hoffnung, dass er damit zufrieden ist und keine weiter gehenden sexuellen Handlungen an ihnen vornimmt.

Ab heute ist es für uns klar. Die Mädchen sind missbraucht worden. Wir wissen dass kein Arzt, kein Therapeut und kein Gericht der Welt diese Situation als Beweis gelten lassen würde. Wir wissen auch, dass sich die Folgen des Missbrauches auf die Psyche unserer beiden Pflegekinder in ihrem Verhalten zeigen werden. Es wird nicht einfach werden. Und es schweißt uns stärker mit diesen beiden geschundenen Kreaturen zusammen. Für uns ist ab jetzt klar, dass wir rückhaltlos die Interessen unserer Mädels vertreten werden, egal ob vor dem Jugendamt oder gegenüber anderen Entscheidungsträgern. Uns ist auch klar, dass wir sehr wahrscheinlich schon jetzt mehr über sie wissen, als alle anderen.

Ab jetzt sind wir Teil einer Entwicklung, von der wir nicht wissen, wie sie ausgehen wird.

Die neue Klasse

Wenn Kinder umziehen, bedeutet das fast immer, dass sie die Schule wechseln müssen. Sie kommen in eine neue Klasse, werden beäugt, stehen im Mittelpunkt. Es gibt viele Fragen, die ihnen gestellt werden. Und schließlich müssen sie sich durchsetzen.

Bei Jeannett ist das nicht anders. Die Lehrerin ist nett, aber rigoros. Sie verlangt Leistung. Und Schreibschrift ist hier schon lange eingeführt. Da wird Jeannett aufholen müssen.

Jeannett genießt es, im Mittelpunkt zu stehen. Aber sie erzählt nicht viel. Es ist nicht zu verbergen, dass sie bei Pflegeeltern wohnt. Aber sie spricht nicht darüber, warum das so ist. Es ist für sie ein Neuanfang. Am liebsten würde sie sagen können, wir wären ihre richtigen Eltern.

In den Hofpausen tobt sie mit den Kindern herum. Ein hoch gewachsener ostfriesischer Junge, mit einer Scheidungsfamilie als Hintergrund, trägt sie oft im Huckepack über den Schulhof. Aber Jeannett hat schnell herausgefunden, mit wem sie auskommt. Im Unterricht will sie im Mittelpunkt stehen und lässt die Meinung von anderen nur selten gelten. In der Gruppenarbeit zeigt sie kaum Kompromisse; sie will die Führung haben. Sie ist ehrgeizig und will immer die Beste sein. Das wird schwer in fest gefügten Sozialstrukturen, die sich in der Klasse entwickelt haben.

In den Hilfeplänen taucht immer wieder ein Wort auf: mittelpunktstrebig. Jeannett muss sich in den Mittelpunkt drängen. In frühester Kindheit hat sie gelernt, Situationen in den Griff zu bekommen und die Kontrolle zu behalten. Nur so konnte sie Eskalationen vermeiden und ihre Schwester beschützen. Sie wird dieses Verhalten wohl ein Leben lang behalten. Und so begegnet sie allen neuen Situationen.

Jeannett ist nicht selbst bezogen oder egoistisch. Sie hat gelernt, dass so das Leben funktioniert und man niemandem zu viel vertrauen darf. Und schon gar keinem Erwachsenen.

Wir treffen den Vater

Verwandtenbesuche sind normalerweise etwas langweilig. Man sitzt am Tisch, isst Kuchen und trinkt Kaffee. Für Kinder ist das meistens nichts. Schon nach kurzer Zeit drängt es sie, aufzustehen und herumzutollen. Wer vernünftig ist, gibt diesem Drang nach.

Für Pflegekinder ist ein solcher Besuch bei den leiblichen Eltern etwas ganz anderes, Aufregendes. Sie werden bei ihren Eltern abgeliefert, dürfen wo möglich bei ihnen übernachten, kommen dann zurück in die Pflegefamilie. Die Pflegeeltern stellen dann zumeist fest, dass die Kinder bei den Eltern alles durften, fernsehen, toben, eben alles. Sie haben meist damit zu kämpfen, dass sie verwildert sind, aggressiv oder depressiv.

Genau aus diesem Grund haben wir gemeinsam mit dem Jugendamt und dem Kindesvater vereinbart, dass Umgangskontakte auf neutralem Boden stattfinden und in unserer Begleitung. Der Wohnort des Kindesvaters ist tabu, schon deshalb, weil wir nicht wissen, wie die Kinder reagieren würden, wenn sie an den Ort ihrer Leiden zurück kehren. Und es gibt noch eine Grundvoraussetzung: Sobald die Mutter der beiden auftaucht, ist der Umgangskontakt beendet. Darauf besteht das Jugendamt, weil sie sich nicht bemüht hat, beim Jugendamt vorstellig zu werden und das weitere Vorgehen zu besprechen. Sie scheint irgendwie nicht im geringsten interessiert.

Also setzen wir uns in die Bahn und fahren zu einem Spielpark, der uns bekannt ist und der den Kindern viel bietet, zu klettern, zu toben und sich zu bewegen.

Es ist drei Uhr nachmittags und wir stehen am Eingang, wo wir uns verabredet haben. Die Zeit vergeht, es vergehen zehn Minuten, fünfzehn, dann zwanzig. Da klingelt mein Handy.

„Ja, hier ick, wir ham uns verabredet, aber ick steh hier und keener is da!" ertönt eine rauchige, tiefe Stimme aus dem Telefon.

Aha. Ein Berliner im Exil. Kennt sich nicht aus?!

„Wo sind Sie denn jetzt?", erkundige ich mich mit bewusst ruhiger Stimme. „Na, ick bin jetze hier an dem Spielplatz, hier in der – wat issn dit für ne Straße bloß… Ick gloobe, Südstraße. Ick war hier noch nie."

Gut. Also erkläre ich ihm in langsamen Worten und mit viel Wiederholung, wie er uns findet. „Iss jut, ick komme", versichert er mir. Zehn weitere Minuten Wartezeit. Dann biegt ein blaues Cabrio Zweisitzer mit offenem Verdeck und nicht überhörbarem Motorengeräusch um die Ecke und hält direkt vor uns.

„Wat is´n dit hier, hier kricht man ja noch nich mal `n Parkplatz!" begrüßt er uns. Ein kurzes Aufheulen des Motors und ein Sprung mit den Vorderrädern auf den Gehweg, Motor abgestellt.

Vor uns steht ein älterer Mann mit Lederjacke und Jeans, rotem, kugligen Kopf und Schmerbauch. „Tach" Sieht die Kinder, versucht sie beide, in den Arm zu schließen, sie an sich zu drücken und spitzt seinen Mund, um die Kinder zu küssen. Die drehen ihren Kopf bewusst weg, um dem Kuss auf den Mund auszuweichen.

„Gehen wir in den Park?" schlage ich vor. Ruth geht vor, die Kinder rechts und links an ihren Händen, dahinter wir beiden Männer. Wir laufen bis zu einem großen Platz mit einer Vielzahl von großen Spiel- und Klettergeräten. Sofort stürzen die Kinder los.

Da fällt Jeannett ein, dass sie ihr schickes kleines Handtäschchen los werden muss. Sie läuft auf mich zu, streckt die Hand mit dem Täschchen nach mir aus. „Papa, kannst du mal halten?"

Sie errötet schlagartig. Der andere Papa blickt irritiert, ein Augenlid zuckt hektisch. „Ich meine, Nico, kannst du mal halten?", verbessert sie sich eilig und entflieht der peinlichen Situation in Richtung Rutsche.

„Ick bin schon Ewigkeiten nich mehr uff´m Spielplatz jewesen", scheint er sich entschuldigen zu wollen. „Dit lassen meene Jeschäfte nich su. Aba is ja ooch ma nich schlecht."

Wir machen brav Smalltalk, wo kommen Sie denn her, haben Sie lange gebraucht, um uns zu finden…Plötzlich entfährt es ihm. „Wissta, Kinda, wolln wa nich du sarn? Ick bin der Rudi."

Ja, auf diese Situation hat man uns zeitig vorbereitet. Keine Kumpaneien, immer schön Abstand wahren und professionell bleiben! „Das ist uns nicht so lieb", formuliert Ruth vorsichtig. „Vielleicht später mal." Wohl wissend, dass später nie eintreten wird. Rudi ist leicht sauer.

Die Kinder kommen angerannt. „Mammaaa, wir haben Hunger." Natürlich hat Ruth vorgesorgt, mit Broten, leckerem Kuchen, Schokolade und Fruchtsaft. Rudi kam es nicht in den Sinn, den Kindern etwas mitzubringen.

„Papa", spricht Jeannett Rudi an, „ich habe übermorgen Geburtstag!" „Ja richtich", versucht er, Interesse zu heucheln. „Wie alt wirste denn?" Ruth blickt mich entsetzt an. „Ich werde jetzt acht Jahre, und ich wünsche mir von Mama und Pa… ähm, Nico einen Kaufmannsladen und Inline-Skater. Ich wünsche mir sie so!"

„Komm, Jeannett", drängt Susann, "lass uns wieder auf die Rutsche gehen!"

Zwei Stunden schleichen dahin, ohne ein erwähnenswertes Gespräch. Dann machen wir uns auf den Weg, wir zum Bahnhof und Rudi zu seinem schicken Cabrio. Ob er nach Hause findet? Oder ob er eher zufällig durch die Straßen kurvt, um den Leuten zu zeigen, was für ein toller Typ er ist?

Zuhause angekommen, gibt es Abendessen. Susann scheint ihren Vater kaum zur Kenntnis genommen zu haben. Aber Jeannett sieht grüblerisch aus. Schließlich ergreift sie das Wort.

„Weißt du, Mama", beginnt sie, „eigentlich müsste ein Mann wie mein Papa ins Gefängnis und dürfte nicht mehr raus. Er hat fast meine Mama erschlagen. Er müsste mit uns drüber reden. Warum besuchen wir ihn eigentlich noch?" „Jeannett, so etwas darfst du doch nicht sagen!", schaltet sich Susann ein. „Na stimmt doch!", wehrt sich Jeannett.

Ruth hat sich als erste sortiert. „Jeannett, du hast Recht, und dein Papa wird auch ins Gefängnis müssen. Aber er wird wieder frei gelassen, wenn er seine Strafe abgeleistet hat. Menschen, die sich strafbar gemacht haben, müssen dafür auch büßen." „Aber warum wird er wieder frei gelassen, nach dem was er getan hat?" Jeannetts Stimme klingt eher anklagend.

„Das ist eben Gerechtigkeit. Und wenn er sich gut verhält, kommt er früher frei", versucht Ruth zu erklären. Jeannett hat einen finsteren Gesichtsausdruck. "Das versteh ich nicht."

Kinder lieben ihre Eltern, egal, unter welchen Umständen. Schließlich sind sie die ersten Menschen, mit denen sie in Kontakt kommen und die häusliche Situation ist die „normale", die Bezugssituation. Werden sie vernachlässigt oder ihnen Gewalt angetan, empfinden sie das als die Reaktion auf ihr Verhalten. Deshalb werden sie ihre Eltern auch meist verteidigen oder für deren Verhalten Erklärungen suchen.

Wir haben es als Pflegeeltern schwer mit dem Kontakt zu einem Menschen, dessen Welt, in der er lebt, Lichtjahre von unserer entfernt ist. Immer spüren wir das Entsetzen in uns aufsteigen, wenn wir damit konfrontiert werden, was dieser Mensch seinen Töchtern angetan hat.

Dürfen wir uns von unseren moralischen Vorstellungen leiten lassen? Oder sollten wir Verständnis aufbringen für einen Mann, der unfähig ist, seine Kinder vernünftig zu versorgen und zu erziehen und ihnen Gefühle entgegen zu bringen?

Wir können unsere mitmenschlichen Prinzipien nicht aufgeben, und wir brauchen es auch gar nicht. Es gibt keinen Grund, die leiblichen Eltern, die versagt haben, gegenüber den Kindern schlecht zu machen, aber es kann und darf von uns auch nicht verlangt werden, sie gut zu machen. Wir akzeptieren sie als Menschen, die, wie jeder Mensch, ein Schicksal zu tragen haben, aber wir verlangen von ihnen genau das, was wir von jedem anderen Menschen verlangen würden: Fairness und Mitmenschlichkeit.

Letztlich interessieren uns die leiblichen Eltern nur im Zusammenhang mit den Kindern. Geschehenes kann nicht ungeschehen gemacht werden. Aber es muss weiteres Leid von ihnen abgewendet werden. Dafür stehen wir ein und vertreten deshalb auch nicht die Interessen der leiblichen Eltern, sondern der Kinder, die schmerzvoll unter ihren Eltern gelitten haben und noch leiden.

Jeannetts Geburtstag

Kindergeburtstage sind immer etwas Tolles – wie es sich gehört, besonders für die Kinder. Die Eltern organisieren, dass die Kleinen bespaßt werden und der Nachwuchs kann fast alles tun, was ihm gefällt.

Jeannett hat viele Freunde aus der Klasse und Schule eingeladen und das Haus ist voll. Dazu sind noch die Verwandten aus Hameln gekommen, Pflege-Oma Pflege-Opa und Pflege-Tante. Auch die anderen Omas und Opas sind erschienen, aber sie halten es nicht lange aus. Der Krach ist zu groß und so sind sie nach dem Kaffeetrinken, als es etwas turbulent wird, wieder weg.

Es ist ein wunderschöner Junitag. Topfschlagen und Schokoladenwettessen sind dabei. Dann rufe ich zur Dorfrallye auf. Sorgsam habe ich Aufgaben erprobt, zusammengestellt und über Computer ausgedruckt. Der Bahnübergang darf nur bei offener Schranke überquert werden. Überall gibt es Informationen, die zusammen zu tragen sind. Zum Schluss muss ein Wassereimer gefüllt und mit nach Hause gebracht werden.

Jeannett hat ihre Gruppe fest im Griff. Sie will bestimmen, was passiert und welche Aufgaben zuerst erfüllt werden sollen. Aber die anderen machen da nicht immer mit. Als sie zurückkehren, ist Jeannet sauer. Ihre Gruppe hat nicht gewonnen. Sie verkriecht sich in ihr Zimmer und schmollt.

Erst, als die Würstchen und Putenbrustfilets auf dem Grill schmoren, lässt Jeannett sich wieder blicken. Sie ist ruhiger, drängt sich nicht mehr in den Mittelpunkt. Die Atmosphäre ist entspannt und auch Susann ist zufrieden. Bis alle Eltern ihre Kids abgeholt haben und man noch etwas geplaudert hat, ist es Mitternacht.

Heute haben wir dazu gelernt: Selbst Kindergeburtstage sind bei traumatisierten Kindern anders. Allein die Tatsache, dass der Ehrentag gewürdigt und nicht einfach vergessen wird, ist etwas Besonderes. Dass es Geschenke gibt, endlich wie bei anderen Kindern auch, ist auch nicht üblich gewesen. Jeannett hat sich vorgestellt, dass sie den ganzen Tag im Mittelpunkt steht und hat dabei vergessen, dass es ihre Schwester ja auch noch gibt. Die beschwert sich bitterlich darüber, dass Jeannett auch ihre gemeinsamen Freunde eingeladen hat und befürchtet, dass sie sie ihr wegnehmen könnte.

So zieht sich das Thema Konkurrenz zwischen den Geschwistern und Kampf um Aufmerksamkeit durch die Pflegeeltern wie ein roter Faden durch die bisherigen Wochen unserer Pflegschaft. Immer geht es um das Thema, dass die leiblichen Eltern der beiden nicht in der Lage oder willens waren, ihnen die nötige Aufmerksamkeit und Fürsorge zu geben. Diese missratenen Bindungsversuche übertragen sie nun auf uns und befürchten, dass wir nicht beiden geben können, was sie brauchen. Jede einzelne von ihnen befürchtet, hintenan stehen zu müssen. Jede von ihnen will endlich im Mittelpunkt stehen können.

Susanns Asthma

Asthma ist eine Krankheit, der man nachsagt, dass sie auch etwas mit der Psyche zu tun hat. Asthmakranke können zwar einatmen aber nicht mehr ausatmen.

Seitdem Susann bei uns wohnt, wissen wir, dass sie an Asthma leidet. In Stresssituationen kann sie nicht mehr richtig atmen. Sie droht dann fast zu ersticken. Für Infekte ist sie sehr anfällig.

Das Heim hatte eine Asthmabehandlung in einer Asthmasprechstunde in einem Universitätsklinikun begonnen, die wir fortsetzen. Dort nimmt sie regelmäßig an einem Lungenfunktionstest teil, der feststellt, wie gut sie atmen kann. Sie sitzt dann in einer Kabine und muss Luftballons, die auf einem Display erscheinen, in die Höhe pusten.

Irgendwie sind wir ein bisschen stolz. Wir haben es geschafft, dass Susann besser atmen kann. Sie scheint sich bei uns zu entspannen. Aber dennoch ist Asthma einen chronische Krankheit und muss ständig überwacht werden.

Zu Beginn der Ferien nehmen wir an einem Asthmaseminar teil. Es findet in einer Lungenklinik statt, die nur mit einem Bus und mit einer stundenlangen Anfahrt zu erreichen ist. Aber ich nehme den Weg auf mich.

Zum ersten Mal erfahre ich, was Asthma überhaupt ist. Wir treffen Kinder, denen es viel schlechter geht als Susann. Einige müssen regelmäßig alle paar Stunden inhalieren und sind bei der kleinsten Aufregung völlig fertig. Sie können nicht die geringste Anstrengung aushalten. Das zeigt Susann, dass es ihr so schlecht gar nicht geht. Sie lernt, wie sie ein Asthmatagebuch führt, wie sie richtig inhaliert und was sie im Falle eines Anfalles tut: Abstützen, gegen eine Wand oder den Kutschersitz ausführen und langsam ausatmen. Vor allem darf sie nicht in Panik geraten. Wir müssen zuhause überwachen, dass Susann morgens und abends mit dem Peak Flow Meter ihr Atemvolumen misst und das Ergebnis in eine Kurve ihres Tagebuches vermerkt. Bei der nächsten Untersuchung legt sie es dann vor und es kann festgestellt werden, wie es ihr geht.

Das ist alles ziemlich aufwändig, aber wir führen es durch. Zuerst haben wir festgestellt, dass der Peak Flow Meter nicht richtig funktioniert, weil er für Erwachsene konzipiert ist. Es ist eine Röhre, in die stoßartig Luft geblasen muss. Der angebrachte Zeiger zeigt dann einen Wert zwischen Null und 500 an, der vermerkt wird. Tatsächlich lässt sich ablesen, dass Susann große Probleme hat, den Zeiger überhaupt zu bewegen, wenn sie einen Infekt hat oder in einer Stresssituation ist. Sie muss dann inhalieren und erneut ihr Atemvolumen messen. Mit der Zeit jedoch bewältigen wir auch dieses Problem.

Zum Ende der Veranstaltung spricht mich die Ärztin noch einmal an. „Ich vermute", sagt sie, „dass Susann einen erheblichen sekundären Krankheitsgewinn aus ihrer Erkrankung zieht."

Was soll das heißen, frage ich mich? Aber es ist ganz einfach. Es heißt, dass Susann es genießt, auf Grund ihrer Erkrankung im Mittelpunkt zu stehen und dass man sich um sie kümmert. Nicht, dass sie ihre Beschwerden nur vorspielt; das, so versichert mir die Ärztin, gelänge ihr nicht. Sie ist zwar krank, aber sie schafft es, aus ihrer Krankheit Kapital zu ziehen.

Es ist die Wiederholung immer desselben Themas. Das Signal heißt: Kümmert euch um mich, ich genieße es, denn bisher war es nie so. Ich möchte im Mittelpunkt stehen und ich habe jetzt etwas, was Jeannett nicht hat, etwas, was mich von ihr unterscheidet und das dazu gehörige Wissen.

Urlaub an der Nordsee

Die Urlaubszeit ist in allen Familien die schönste Zeit. Entspannung, neue Eindrücke, gemeinsame Erfahrungen schweißen die Familie zusammen. Was wir aber nicht bedenken, ist, dass eine Urlaubsfahrt für traumatisierte Pflegekinder die absolute Ausnahmesituation ist. Meist kommen sie aus Familien, die sich Urlaubsreisen nicht leisten konnten oder sie haben im Heim die obligatorische Urlaubsreise gemacht, die bedeutet, dennoch immer in der Gruppe zu sein und sich behaupten zu müssen: Verlegung der sozialen Situation an einen anderen Ort.

Schon früh haben wir erkannt, dass eine Urlaubsreise für unsere beiden Mädel anstrengend ist. Stundenlange Autofahrten sind für sie eine Belastung, sie beginnen, sich zu streiten und verlangen nach Bewegung. Das Schlafen im Zelt bedeutet eine Ausnahmesituation. Aufgaben sind beim Camping genau so zu erfüllen, wie zu Hause, nur eben auf kleinerem Raum. All das haben wir präzise geübt, wieder und wieder. Nun ist es so weit und der „Ernstfall" tritt ein.

Wie auch schon früher haben wir ein Auto gemietet, eins, in dem wir Zelte und die Haushaltsgegenstände unterbringen können. Eine Woche werden wir weg sein. Wie immer hat Ruth die Sachen gepackt, Reiseproviant besorgt, wir haben Kocher und Kühlbox ins Auto geladen. Nun verschließen wir das Haus. Wir sind gespannt, wie die Kinder die neue Situation aufnehmen werden.

Der Zeltplatz liegt in der Nähe eines ostfriesischen Dorfes, vor dem Deich. Das Wetter meint es gut mit uns, warme bis heiße Tage und laue Nächte und kein Regen. Was für die Natur nicht immer gut ist, nimmt uns eine Sorge, die wir hatten: Es gibt keinen Regen. Aber es gibt auch keinen Schatten.

Den Kindern tut der Urlaub gut. Wechsel zwischen Pflichten wie Zubereitung des Essens, Aufräumen der Zelte und Abwasch einerseits und Freizeit andererseits schafft eine entspannte Atmosphäre. Das Toben in den Wellen am Strand und die sportliche Bewegung machen sie abends müde und zufrieden. So könnte es immer weiter gehen, denke ich mir.

Eines Abends sitzen wir am Strand des Zeltplatzes, da rollen zwei Liegeräder mit Anhängern auf uns zu und halten direkt am Strand. Eine englische Familie, die die Nordseeküste tourt. Heute sind sie hier. Ich wende sofort meine

Englischkenntnisse an und wir unterhalten uns. Sie sind dankbar für Tipps, die sie von mir bekommen.

Jeannett steht erst in sicherer Entfernung und beobachtet uns. Langsam kommt sie immer näher. Ihre Augen sind weit aufgerissen. Sie setzt sich nah zu mir. Es scheint ihr unglaublich, dass ich eine Sprache spreche, die sie nicht versteht. Vielleicht spürt sie auch etwas davon, dass ich mich, wenn ich Englisch rede, ein bisschen verändere, eine andere Identität besitze, ein anderer bin.

Als wir wieder im Zelt sind und es Zeit ist, zu Bett zu gehen, spricht mich Jeannett an. „Papa, welche Sprache hast du da geredet mit den Leuten?" „Das war Englisch, meine kleine Schnecke." „Woher kannst du das?" „Ich habe es in der Schule gelernt und in England gearbeitet." „Wann war das?" „Das ist schon ein paar Jahre her. Ich habe damals an einer Schule gearbeitet und den englischen Schülern Deutsch beigebracht." „Und musstest du da immer Englisch sprechen?" „Ja, natürlich. Alle Menschen sprechen da Englisch." „Und kann ich das auch lernen?" „Klar, meine Kleine. Du musst dir nur etwas Mühe geben." „Ich möchte auch nach England fahren und Englisch lernen, Papa." „Das kommt später, meine Kleine", vertröste ich sie. „Jetzt gehst du erst einmal ins Bett und schläfst. Gute Nacht."

Nie hätte ich damit gerechnet, dass Jeannett eine solche Reaktion gezeigt. Das ist der Stoff, aus dem Träume und Zielvorstellungen sind! Wenn da nicht immer die verletzenden Erfahrungen aus der Vergangenheit wären…

An einem Tag machen wir einen Ausflug nach Cuxhaven. Wir schlendern über die Strandpromenade, gehen ein Eis essen. Schließlich machen wir uns auf den Rückweg zum Auto. „Können wir unten am Wasser entlang gehen?" fragt Jeannett. „In Ordnung", sage ich. „Aber nur mit den Füßen ins Wasser!" „Ja, machen wir. Komm, Susann!" „Da hinten seid ihr wieder oben, da treffen wir uns."

Und schon sind sie entschwunden. Es ist heiß. Der Strand ist voll mit Menschen, liegend, laufend, spielend. Bald können wir die beiden nicht mehr sehen. Wir kommen am vereinbarten Treffpunkt an, aber die Kinder sind nicht da. Schwitzend und entnervt laufen wir den Abschnitt der Uferpromenade entlang, wieder und wieder. Aber die Kinder bleiben verschwunden. Nach einer halben Stunde entschließen wir uns, die Polizei zur Hilfe zu rufen.

„Wir sind Pflegeeltern und mit unseren Pflegekindern hier", erkläre ich dem Beamten am Telefon. „Irgendwie haben wir sie an der Strandpromenade verloren und können sie nicht wieder finden. Das ist uns sehr peinlich." „Das kriegen wir schon wieder hin", tröstet mich der nette Polizist. „Bleiben Sie, wo Sie sind, wir schicken einen Einsatzwagen hin."

Zehn Minuten können so lang sein! Als der Streifenwagen eintrifft, hören die Beamten sich die Geschichte erst einmal an. „Machen Sie sich keine Gedanken. So was passiert hier jeden Tag mindestens dreimal. Steigen Sie erst einmal ein."

Unsere beiden Helfer fahren jetzt im Schritttempo die Uferpromenade entlang. Aus dem Lautsprecher erschallt in regelmäßigen Abständen die Ansage des Beifahrers. „Jeannett und Susann bitte zum Polizeiwagen kommen – Jeannett und Susann bitte zum Polizeiwagen kommen!"

Da – auf einer Treppe, die vom Strand auf die Promenade führt, sitzt sie: Susann, in Tränen aufgelöst. Langsam erhebt sie sich, trollt sich zum Polizeifahrzeug. „Ich dachte schon, ihr wollt uns nicht mehr. Bin ich froh!" „Aber wo ist denn Jeannett?" fragt Ruth aufgeregt. „Das weiß ich auch nicht", flüstert Susann, „sie wollte unbedingt alleine gehen."

In diesem Moment erscheint Jeannett am Wagen. „Was ist denn? Habt ihr die Polizei geholt? Ich habe mich kaum getraut, herzukommen." „Jeannett, wir haben euch gesucht!", errege ich mich. „Ich war doch bloß am Wasser. Und, ich glaube, wir sind in die falsche Richtung gegangen."

Wir sind so froh, alle wieder beisammen zu sein. Eins will ich noch wissen. „Der Einsatz ist ja nun aktenkundig.", wende ich mich an die Polizisten. „Bedeutet das, dass Sie das Jugendamt informieren?" „Da machen Sie sich mal keine Gedanken, da hätten wir ja viel zu tun!", beruhigt mich einer der Beamten. Mir fällt ein Stein vom Herzen. Peinlich wäre es allemal.

Aber auch Jeannett und Susann sind unsicher. „Dürfen wir bei euch bleiben, oder nimmt uns das Jugendamt euch wieder weg?", fragt Jeannett. "Nein, sei ganz beruhigt, das passiert nicht", sage ich. Beide kuscheln sich an uns an und wir gehen heute Abend noch zum Essen in ein Restaurant, um unser Wiedertreffen zu feiern. Wir bemerken, dass das Verhalten unserer beiden heute besonders tadellos ist.

Niemals hätten wir uns vorgestellt, wie stark die beiden schon an uns gebunden sind. Aber auch wie unsicher sich Susann noch unserer Bindung ist. Jeannett hingegen reagiert, wie sie es gelernt hat: Auf Situationen des Alleingelassenseins reagieren, indem sie überlegt, was zu tun sei, voller Misstrauen gegen die Erwachsenenwelt und sich selbst rettend, dabei vermutend, dass sie – wieder einmal – einen undefinierbaren Fehler gemacht haben könnte. Ihr fehlt die Möglichkeit, ihre Handlungen und Entscheidungen richtig einzuschätzen.

Wir erkennen die Probleme

Einschulung – Ausschulung

Schule ist für Pflegekinder immer ein zweischneidiges Schwert. Einerseits bedeutet es ein neues soziales Umfeld, in dem sie neue Erfahrungen sammeln und Gleichaltrige treffen können. Andererseits können sie den Leistungsanforderungen oft nicht genügen. Viel zu viel haben sie mit ihrer Vergangenheit zu tun. Außerdem sind sie immer in einem Erklärungsnotstand. Warum wohnst du nicht bei deinen Eltern? Warum wohnst du bei fremden Leuten? Was sind Pflegeeltern? Warum heißen deine Mama und dein Papa anders als du? Nicht einmal die Lehrer können solche für die Kinder wichtigen Fragen beantworten.

Es ist Susanns erster Schultag. Sie ist stolz in ihrem hübschen Kleidchen und mit der prall gefüllten Schultüte. Ein neuer Füller, eine Federtasche, Bunt-, Blei- und Filzstifte und ein paar Süßigkeiten. Es gibt eine Feier in der Schule, die anderen Klassen singen und führen ein Theaterstück vor. Dann lernen die Schulanfänger ihren Klassenraum und die Klassenkameraden kennen. Danach geht es im Familienkreise in ein Restaurant zu einem kleinen Mittagessen. Susann steht im Mittelpunkt. Das gefällt ihr. Jeannett ist ruhig und etwas zerknirscht. Sie ist nicht der Mittelpunkt heute.

Die nächsten Schulwochen verlaufen angespannt. Susann begreift, dass der Kindergartenbesuch in den Wochen zuvor eine andere Qualität hatte. Schon die Struktur des Schulalltages fordert sie bis an die Grenzen. Sie ist nervös und unkonzentriert, entweder hyperaktiv oder völlig apathisch in Gedanken versunken. Die Lehrer wissen nicht weiter, informieren uns dringlich wieder und wieder. Sie erwarten, dass wir etwas tun, dass wir das tun, wovon sie nicht wissen, was es sein könnte. Sie sind überfordert.

Also entscheiden wir, dem grausamen Spiel ein Ende zu setzen. Aber so einfach ist das nicht. Wer einmal eingeschult ist, ist schulpflichtig. Also muss ein Termin beim Schulpsychologen gemacht werden, zu dem Susann begutachtet wird. Daraus wird ein Bericht verfasst, der dem Schulamt zugeleitet wird. Das Schulamt entscheidet dann über eine mögliche Zurückstellung.

In unserem Fall wird entschieden, dass Susann noch ein Jahr die Vorschule des Kindergartens besucht und dann wieder eingeschult wird. Wir besprechen alles ganz genau und ruhig mit Susann. Von ihr ist eine Last genommen, aber das Problem ist nur verschoben. Nach einem Jahr gibt es eine erneute Einschulung; die Schultüte fällt nicht so reichhaltig aus. Aber wäre es nicht gemein, sie ohne Schultüte am ersten Tag teilnehmen zu lassen? Auch wenn sie den Beginn der Schule schon kennt.

Zu diesem Zeitpunkt sind wir noch absolut naiv. Wir kennen die Gründe nicht, aus denen Susann die Schule nicht bewältigt. Wir wissen viel zu wenig über ihre früheste Kindheit, und das, was wir kennen, können wir nicht richtig einschätzen. Wir wissen zum jetzigen Zeitpunkt nicht, dass Susanns Entwicklung um Jahre verzögert ist. Wir wissen nicht, warum Susann manchmal aggressiv und manchmal zurückgezogen in der Schule reagiert. Fachleute machen sich nicht die Mühe der Ursachenforschung. Noch viel weniger wissen es die Lehrer. Und so bessert sich nach der zweiten Einschulung nicht wirklich etwas.

Das Schulsystem ist nicht für benachteiligte, traumatisierte Kinder gemacht. Es orientiert sich an der „Normalität", und denen, die unauffällig durchs Leben gehen. Unsere Pflegekinder werden immer, stets und ständig, in diesem auf Kognition und Leistung orientierten Schulsystem benachteiligt sein. Diese Erkenntnis ist schwer, aber sie spiegelt die Realität wider.

Unsere Kinder stehlen nicht?

Dass Kinder aus sozial schwierige Verhältnissen es mit dem Eigentum nicht so genau nehmen, ist bekannt. Heimkinder tauschen Sachen aus, vernachlässigte Kinder besorgen sich etwas zum Essen und Spielen. Aber für uns gilt die Vermutung der Unschuld, so lange wir nicht eindeutige Beweise haben.

Eines schönen Sommertages steht ein aufgebrachter kleiner, untersetzter Mann an unserem Gartenzaun. Die Kinder sind gerade zurück vom Spielen mit Kindern aus der Nebenstraße. Der Mann ist rot vor Wut.

„Ihre Kinder haben bei uns geklaut. Sie haben einfach Puppensachen mitgehen lassen. Ich will die Sachen wieder haben! Mit solchen Drecksgören wollen wir nichts zu tun haben!"

Wir sind starr vor Schreck. Ich gehe zum Zaun und versuche zu schlichten. „Wissen Sie das ganz genau?" frage ich ruhig. „Eigentlich kann ich mir das nicht vorstellen." „Klar," poltert der Nachbar los, „ich weiß doch was ich sehe! Nicht dass die sich nochmal bei uns sehen lassen!" Er stapft von dannen.

Wir holen die Mädel zum Gespräch auf der Terrasse. „Was ist da passiert?", frage ich die beiden. „Habt ihr geklaut oder nicht?" „Nein, wirklich nicht!", beteuert Jeannett. „Wir haben wirklich nichts geklaut!" Susann sitzt regungslos da, den Kopf gesenkt.

Ruth verschwindet und kommt wenig später mit einer Plastiktüte wieder, gefüllt mit Puppensachen, die nicht zu uns gehören. „Und was ist das hier?", fragt Ruth streng.

Stille.

„Wir haben nur die Sachen ausgetauscht. Die haben auch was von uns.", erklärt Jeannett. „Seid ihr denn noch zu retten?" Ich bin erregt. „Ihr könnt doch nicht einfach etwas von anderen Kindern mitnehmen! " „Aber im Kinderheim haben wir immer alles getauscht.", flüstert Susann, noch immer mit gesenkten Kopf.

„Tatsache ist, dass der Vater der Kinder die Sachen zurück haben will. Überlegt euch doch mal, wie das ist, wenn die Leute mit Fingern auf euch zeigen und sagen: Das sind die beiden, die klauen, vor denen musst du dich vorsehen!"

Stille.

„Also", hole ich aus. „Ihr geht da jetzt hin, bringt die Sachen hin und entschuldigt euch. Das ist das Mindeste." Susann blickt mich flehend an. „Papa, kannst du mitkommen? Ich trau mich nicht." „Ich auch nicht", bekräftigt Jeannett. Also gehen wir mit, aber wir halten uns im Hintergrund.

Im Vorgarten steht ein Rohbau, dahinter ein unverputztes Bungalow. Spielsachen liegen umher. Als die Kinder klingeln, öffnet ein kleines, blondhaariges Mädchen, schmuddelig gekleidet. Jeannett geht vor.

„Ich wollte nur deine Sachen zurück bringen." „Gib schon her!", keift sie. „Wird ja auch Zeit!" Jeannett setzt noch einmal an. „Können wir unsere Sachen auch wieder haben?" „Was für Sachen? Ich habe keine Sachen von euch!", erwidert sie scharf.

„Können wir deinen Papa mal sprechen?", frage ich. „Der ist nicht da.", antwortet das Mädchen, in derselben Schärfe. Von drinnen kommt eine Männerstimme. „Mach endlich die Tür zu!" Die Kinder drehen sich um und wir gehen nach Hause.

Was sollen wir glauben? Ruth erwähnt gegenüber mir, dass neulich beim Einkaufen irgend etwas die Alarmanlage ausgelöst hat, als sie den Supermarkt verließen. Sie sei sich nicht sicher, aber Jeannett habe dann etwas fallen gelassen. Und wie die Situation heute sich genau zugetragen hat, weiß keiner. Heimkinder haben kein Gefühl für Eigentum und es ist sehr wahrscheinlich, dass sie unbeabsichtigt Dinge mit- oder wegnehmen, ohne dafür ein Schuldgefühl zu besitzen.

Jedenfalls wird uns das Thema Entwenden noch sehr häufig beschäftigen, so viel ist sicher.

Advent und Weihnachten

Advent und Weihnachten ist die Zeit der Gemütlichkeit, des Kerzenscheins, alles ist harmonisch, die Familie trifft sich. Es gibt Bratäpfel und Gans, abgesehen von den Tonnen von Süßigkeiten. Das ist genau das Richtige für Pflegekinder, um mit Zucker ihre schlimmen Erfahrungen vergessen zu machen.

Es ist das erste Weihnachten bei uns. Aber auch eine Zeit, um unsere Traumakinder besser kennen zu lernen. Sie sind sehr verschieden.

Ruth bastelt für alle einen Adventskalender, für die Kinder eine Hängeampel mit vielen Dingen, auch Süßigkeiten, aber überwiegend netten Dingen für die Schule, Söckchen, alles, was schön ist und manchmal auch praktisch, eben ganz besondere Sachen.

Jeannett ist sehr gewissenhaft. Sie öffnet immer nur das Päckchen, das am jeweiligen Tag dran ist und hebt alles auf, auch die Süßigkeiten, behält sie bis weit ins neue Jahr hinein. Susann aber reißt alle Päckchen auf, verstreut sie im Kinderzimmer, verschlingt sofort alle Süßigkeiten und überfällt auch mal den süßen Teller. Sie kann einfach nichts liegen lassen, muss alles sofort haben oder aufessen. Ruth ist entsetzt, hat sie sich doch so viel Mühe gegeben. Alles Erklären, die Hilfestellung. jeden Morgen nur das Päckchen zu öffnen, das dran ist, nutzt nichts.

An Weihnachten gibt es viele schöne und praktische Dinge, auch was vom Wunschzettel, wie z.B. den neuen Kaufmannsladen. Jeannett ordnet ihre Geschenke genau nach Wichtigkeit. Die Süßigkeiten tut sie in eine Schüssel und bringt sie ins Kinderzimmer. Susann dagegen verliert bald das Interesse an ihren Geschenken. Die Süßigkeiten sind am nächsten Morgen vertilgt und die anderen Geschenke liegen im Wohnzimmer verstreut herum. In den nächsten Tagen bedient sie sich immer wieder an Jeannetts Buntem Teller, so lange bis er alle ist. Jeannett ist zornig und beschimpft ihre Schwester. Schon an den Feiertagen führt das zu einer explosiven Atmosphäre, die wir nur dadurch entschärfen können, dass wir

Jeannett ab und zu etwas Süßes zustecken. Auch Susanns verbliebene Süßigkeiten haben wir konfisziert und teilen ihr nun zu, was sie von Verwandten und Bekannten bekommt. Alles Reden, alle Appelle nützen nichts.

In diesen Tagen lernen wir viel. Wir wissen, dass Susann kein Verhältnis zum Eigentum in einer Familie hat. Wir erfahren, dass wir ihr schöne Dinge zuteilen müssen. Und wir haben erfahren, dass Susann auch vor dem Eigentum der Familie nicht Halt macht. Wir werden uns darauf einstellen.

Vernachlässigte Kinder besitzen keine innere Instanz, die ihnen vermittelt, dass das Eigentum anderer nicht angerührt werden darf. Sie nehmen alles und sehen es als ihr Eigentum an. Diese Kinder sind nicht böse oder schlecht. Es fehlt ihnen einfach ein Stück Sozialisation. Für Jeannett als Versorgerkind war es immer wichtig, darauf zu achten, dass ihr Dinge nicht weggenommen wurden, die sie mit Susann teilen konnte. Susann musste sich nehmen, was verfügbar war. Sonst hätte sie nicht überleben können. Das alles erfahren wir aber erst später.

Für den Moment sind wir einfach nur enttäuscht und entsetzt.

Die Kripo in unserem Haus

Es gibt Momente im Leben von Pflegeeltern, die sie das Grauen lehren. Situationen, in denen schnelle Reaktionen gefordert sind und die nur mit viel Glück glimpflich verlaufen. Situationen, die den Pflegeeltern den Schreck in die Knochen treibt und die für ihre Pflegekinder höchst bedrohlich sind.

Heute ist so ein Tag. Ein warmer Frühlingstag, Sonntag, der Braten steht auf dem Tisch, gerade haben wir mit dem Mittagsmahl begonnen. Für uns ist das sonntägliche Essen ein Ritual, bei dem sich alle wohl fühlen und wir unsere Seelen streicheln können. Beide Mädchen helfen mit, den Tisch schön zu decken, sie haben Spaß daran, ein dreigängiges Menü mit zu gestalten und daran teilzunehmen. Eine Situation, die sie aus ihrem bisherigen Leben nicht kannten. Eine ideale Familiensituation, voller Liebe und Harmonie.

Da passiert das Ungeheuerliche. Es klingelt an der Tür, während wir am Tisch sitzen. Die Kinder springen auf.

„Halt! Erst essen wir auf, Mama geht zur Tür", lautet meine unmissverständliche Anweisung und die Kinder folgen ihr. Ruth geht zur Tür. Die Minuten schleichen dahin, während ich mit den Kindern weiter unsere Mahlzeit einnehme.

Ein schlechtes Gefühl beschleicht mich. „Ihr bleibt hier sitzen", ordne ich an, „ich gehe mal nachsehen, wo Mama bleibt."

Die Haustür ruht im Schloss. Ich öffne sie und schaue nach draußen. Ruth diskutiert mit zwei Männern, die nicht eben einen gepflegten Eindruck machen. Sie gibt mir ein Zeichen, die Tür hinter mir zuzuziehen. Ich gehe die Treppe hinunter, als mich einer der Typen anspricht und mir eine Karte unter die Nase hält. „Landeskriminalamt Hamburg. Befindet sich Herr Sodann bei Ihnen? Seine Kinder leben doch bei Ihnen." „Nein, wir sind doch nur die Pflegeeltern. Es wäre sehr ungewöhnlich, wenn er sich hier aufhielte", antworte ich, ziemlich verwirrt. „Hätte mich auch gewundert", murmelt er. „Aber wir müssen der Sache nachgehen, weil wir die Daten in der Einwohnerdatei abgeglichen haben und da sind wir auf die Namen der Kinder gestoßen. Herr Sodann ist nämlich flüchtig, er hätte heute seine Haftstrafe antreten müssen."

Mir wird heiß und kalt. Was wäre gewesen, wenn die Kinder geöffnet hätten? Was wäre gewesen, wenn dieses Gespräch in unserem Wohnzimmer stattgefunden hätte? Wie hätten die Kinder reagiert? Wie hätten wir die Situation wieder in den Griff kriegen können?

„Die Kinder!", fährt es mir blitzschnell durch den Kopf. Ich wende mich zu Ruth. „Gehst du bitte zu den Kindern? Die sind jetzt schon ziemlich lange allein. Womöglich kommen sie und schauen nach uns." Ruth nickt nur kurz und verschwindet in der Tür. Ich wende mich wieder zu den Kriminalbeamten.

„Wir müssen jetzt Ihr Haus durchsuchen", bemerkt der eine trocken. „Wir müssen uns davon überzeugen, dass Herr Sodann sich wirklich nicht bei Ihnen aufhält." „Das geht doch aber nur mit einem Durchsuchungsbeschluss", wende ich ein. Wortlos zieht der andere ein Papier aus der Tasche und hält es mir hin. Tatsächlich, ein gerichtlicher Beschluss! Was jetzt?

„Sie glauben doch nicht wirklich, dass wir den Menschen verstecken, der unseren Kindern all dieses Leid angetan hat!", flüstere ich entsetzt. „Machen Sie bitte keine Schwierigkeiten!", zischt einer von ihnen. Es bleibt mir keine andere Wahl. Die Herren verschließen ihre Jacken, um ihre Pistolenhalfter zu bedecken. Ich öffne die Haustür.

Zu allererst stürmen die Kriminalpolizisten das Wohnzimmer. Ruth sitzt dort, Susann auf dem Schoß, Jeannett dicht an sie geschmiegt. „Was wollen die?", wimmert Susann ängstlich. Ruth und ich wechseln verzweifelte Blicke. Jeannett versteckt ihr Gesicht. „Wir haben doch wirklich nichts geklaut", flüstert sie leise. „Deshalb sind wir nicht hier!", erklärt einer von ihnen gefühllos. „Wann habt ihr euren Vater zuletzt gesehen?"

Jeannett fasst sich zuerst. „Das war vor zwei Wochen im Stadtpark, als wir ihn zusammen mit Mama und Papa besucht haben." Der Beamte scheint verwirrt. „Welcher Papa, welche Mama?", fragt er unerbittlich. „Die Kinder nennen uns so", erklärt Ruth. „Ach so, also mit euren Pflegeeltern."

Mein Gott, er hat´s! Beide scheinen zunächst zufrieden und treten zurück in den Flur, Einen kurzen Blick in das elterliche Schlafzimmer und in das Kinderzimmer, dann weichen sie in den Hausflur zurück. Einer nimmt sich das Obergeschoss vor, der andere den Keller, die Hand immer in der Nähe der Waffe. Schließlich treffen wir uns in meinem Arbeitszimmer im Obergeschoss.

„Sie wissen, die Kinder sind bei uns untergebracht. Sie haben eine schreckliche Vergangenheit gehabt in ihrem Elternhaus." Beide nicken, eher uninteressiert, so als ob sie sagen wollen: „Damit haben wir jeden Tag zu tun."

„Wie geht das jetzt weiter?", frage ich verunsichert. Bilder schießen mir durch den Kopf. Womöglich versucht der Kindesvater, sich der Kinder zu bemächtigen? Womöglich steht er bei uns vor der Tür und fordert die Herausgabe? Oder er fängt sie auf dem Schulweg ab? Mir wird schwindelig.

„Ganz einfach. Wir suchen so lange nach ihm, bis wir ihn haben und überstellen ihn dann der Strafanstalt."

Dumme Antwort. Die hätte ich mir auch selbst geben können. Ich begleite die beiden zur Tür.

Unten im Wohnzimmer versucht Ruth die Kinder zu trösten. „Warum suchen die nach unserem Vater?", fragt Jeannett zaghaft. „Du weißt, dass euer Vater etwas getan hat, wofür er eine Strafe bekommt. Er muss ins Gefängnis. Er musste sich dort heute melden, aber das hat er nicht getan." Susann weint leise.

Jeannett wird auf einmal sehr ruhig und sachlich. „Weißt du, Mama, ich finde es richtig, dass er ins Gefängnis muss, wenn er so etwas Schreckliches getan hat. Ich finde es auch nicht richtig, dass er jetzt flüchtet. Er sollte nie wieder aus dem Gefängnis rauskommen." Und zu Susann gewandt: „Und du solltest das langsam auch mal begreifen!"

Susann hat sich inzwischen von Ruth gelöst. Sie sitzt auf dem Boden und starrt vor sich hin. Sie dissoziiert, empfindet all ihre Leiden nach.

Da plötzlich! Sie springt auf, ballt ihre Fäuste und springt auf Ruth zu. „Ich hasse dich, ich hasse dich, ich hasse dich!", brüllt sie immer wieder, schlägt wie von Sinnen auf Ruth ein, kreischt wie am Spieß lebendig gebraten. Ruth versucht sie zu greifen und zu umarmen, um sie zu trösten. Schließlich geht Susann in ein leises Wimmern über, Jeannett baut sich vor sie auf, mit Augen zu Schlitzen verformt und mit versteinerter Miene. „Susann, hör auf! Du solltest dich mal sehen!", zischt sie ihre Schwester an.

Wir machen Susann einen Beruhigungstee, sie schlürft ihn am Küchentisch. Alles ist ruhig. Niemand redet ein Wort. „Dürfen wir heute mal fernsehen?" fragt Jeannett erschöpft.

Klar dürfen sie. Wir legen „Das fliegende Klassenzimmer" ein, beide Kinder lachen eher verstohlen und der Nachmittag und Abend geht ganz ruhig und entspannt zu Ende. Die Kinder brauchen uns jetzt mehr denn je.

Wir wissen, was jetzt auf uns zu kommt. Die Kinder sind aufgewühlt. Auch Jeannett, die nichts so schnell an sich heran kommen lässt. Dieser Tag wird sich, wie so viele schreckliche Erlebnisse zuvor, in ihr Gedächtnis eingraben, wird die vielen Gefühle des Verlassenseins, der Vernachlässigung und des Schmerzes wieder erstehen lassen. Wir wissen einmal mehr, dass wir diejenigen sind, die sie schützen und ihre Interessen vertreten müssen, egal, gegen wen und in welcher Lage. Werden wir dieser unmenschlich schwierigen Lage gewachsen sein? Werden wir immer wieder Verständnis für sie aufbringen können und sie erdulden können? Werden wir es schaffen, ihr Vertrauen zu erlangen? Es wird so schwer, dass uns die Vorstellung dafür fehlt.

Wir schützen unsere Kinder

Nie wären wir auf die Idee gekommen, dass wir unsere Kinder vor dem Kindesvater schützen müssen. Aber die Situation gebietet schnelles, durchdachtes Handeln. Also tun wir, was zu tun ist angesichts der Situation, dass er sich auf der Flucht befindet.

Am Tag, nachdem die Kripo unser Haus durchsucht hat, informieren wir zuerst die Schule. Ich habe Glück, dass ich den Vormittag frei habe. Also bringe ich die Kinder zur Schule und spreche mit der Schulleiterin. Ich schildere, was passiert ist. Wir müssen jetzt damit rechnen, dass der Kindesvater die Kinder möglicherweise auf dem Schulweg abfängt und in seine Gewalt bringt. Ich vereinbare mit der Schulleitung und der Klassenlehrerin, dass die Kinder von uns zur Schule gebracht werden und unter Aufsicht um Hort gebracht werden. Von da aus hole ich sie abends ab. Die Lehrer sind informiert, aber sie sollen die Lage nicht bei den Kindern ansprechen und auch nicht die Mitschüler informieren. Alles soll aussehen wie normal. Auch die Hortleitung und die Erzieherinnen sind informiert.

Natürlich können wir die Kinder nicht wegsperren. Sie dürfen wie gewohnt in unserer Straße spielen, aber sie sollen sich nicht zu weit vom Haus entfernen, so dass wir sie im Blick haben. Die Kinder haben Verständnis und sie wissen, das alles, was geschieht, zu ihrem Schutz ist. Als nächstes informieren wir das Jugendamt über die Geschehnisse und unsere getroffenen Maßnahmen. Die Sachbearbeiter stehen hinter uns, aber sie können nicht viel tun.

Nach ein paar Tagen ist die Lage entschärft. Die Kripo ruft uns an und informiert uns, dass der Kindesvater sich in Gewahrsam befindet. Uns fällt ein Stein vom Herzen. Und auch die Kinder scheinen irgendwie erleichtert. Der Vater der beiden war weit weg. Es heißt, er hätte zusammen mit der Kindesmutter ein paar Tage "Urlaub" in Frankreich gemacht.

Uns fällt auf, dass wir Pflegeeltern vom Denken der leiblichen Eltern Lichtjahre entfernt sind. Die Kinder kommen im Denken und den Entscheidungen der Herkunftseltern nicht vor. Statt dessen diese Einstellung "Es wird schon nichts passieren". Und warum fährt die leibliche Mutter mit dem, der sie fast umgebracht hätte, noch in Urlaub? Woher haben sie das Geld? Aber das ist nicht unsere Sache.

Im Gegensatz dazu sind die Kinder bei uns der Mittelpunkt unseres Denkens und Tuns. Wir schützen und fördern sie. Wir wissen, was sie erlebt haben und wissen, dass sie skeptisch gegenüber der Erwachsenenwelt sind, zu der auch wir gehören. Wir müssen uns ihr Vertrauen verdienen. Und wir müssen damit rechnen, dass sie es nie schaffen, eine Bindung zu uns aufzubauen.

Wir suchen einen Therapeuten

Pflegekinder werden in Familien vermittelt, weil die Herkunftsfamilie mit der Erziehung überfordert ist. Oft stellen dann die Pflegeeltern fest, dass die Erlebnisse der Kindheit aufgearbeitet werden müssen, damit die Kinder wieder lernen, Bindungen einzugehen und Vertrauen aufzubauen.

Für uns wird immer offensichtlicher, dass Susann und Jeannett Hilfe brauchen. Aber wie soll das gehen? Noch nie haben wir mit Psychiatern etwas zu tun gehabt und wir wissen nicht, wir wir vorgehen müssen.

Zum Glück kenne ich aus meiner Studienzeit eine gute Freundin, die als Psychologin bei einem freien Träger der Kinder- und Jugendpsychiatrie arbeitet. Sie gibt mir eine Adresse. Nach einem kurzen Anruf ist alles geregelt. Für einige Wochen fährt Ruth, die sich für ein Jahr hat beurlauben lassen, regelmäßig mit den Kindern in eine kinder- und jugendpsychiatrische Praxis. Die Therapeutin untersucht beide und stellt die Diagnose.

„Für mich ist der Fall klar", stellt sie fest. „Beide sind in ihrer Kindheit schwerst traumatisiert worden. Sie sollten schnellst möglich in eine Psychotherapie." Wir haben das nötige Vertrauen zu ihr und fragen uns, warum sie die Therapie nicht übernehmen könnte.

„Sehen Sie", beginnt sie eine Erklärung, „wir sind auf Verhaltenstherapie spezialisiert. Diese Therapieform ist für Ihre Kinder nicht die richtige. Ich würde Ihnen eine tiefenpsychologische Psychotherapie empfehlen, damit die Erlebnisse der Kindheit wirklich therapiert werden können. Das ist nicht unser Gebiet. Aber ich gebe Ihnen eine Adresse."

Es handelt sich um einen Verein, der Therapeuten ausbildet und recht angesehene Therapeuten dafür beschäftigt. Wir erhalten die Adresse einer Kinder- und Jugendlichentherapeutin.

Frau Meyer-Frankenfeldt ist eine Frau, deren Alter schlecht zu schätzen ist. Sie trägt lange Röcke und die Haare zu einem Dutt gebunden. Sie wirkt streng aber zeigt Interesse und Mitgefühl für Susann und uns. Als Kinder- und Jugendpsychotherapeutin scheint sie uns geeignet und die tiefenpsychologische Psychotherapie scheint auch zu passen. Es werden fünf probatorische Sitzungen vereinbart und durchgeführt. Dann folgt ein Elterngespräch.

„Sie müssen sich auf eine lange Therapiezeit einrichten", bedeutet sie uns mit ernster Miene. „Es wird lange dauern, bis ich Zugang zu Susann habe. Ich schlage drei Sitzungen pro Woche vor."

Wir sind nicht abgeneigt und erhoffen uns einen günstigen Einfluss auf unsere häusliche Situation. Schon meinen wir, während der Zeit der Probatorik festgestellt zu haben, dass Susann ruhiger und ausgeglichener geworden ist. „Wir sollten die

Frequenz der Sitzungen beibehalten", schlägt sie uns vor. „Ich bin mir sicher, dass die Krankenkasse keine andere Wahl haben wird, als der Therapie zuzustimmen. Alles andere wäre unvertretbar."

Wir stimmen zu. Wir sind froh, überhaupt etwas erreicht zu haben. Es ist nicht einfach, einen Therapieplatz zu bekommen.

Heilpädagogische Pflege für unsere Kinder

Jugendämter sind keine Halbgötter. Sie sind oft überlastet und müssen sich nach gesetzlichen Bestimmungen richten. Oft bleibt nicht die Zeit, um herauszufinden, wie es um die Kinder steht, die sie vermitteln. Unsere beiden galten bis jetzt als völlig "normal". Aber die letzten anderthalb Jahre haben uns eines Besseren belehrt. Die Aggression von Susann, die Verschlossenheit von Jeannett, ihre Vergangenheit, all das kann nicht folgenlos geblieben sein. Also schreiben wir an unsere Sachbearbeiterin. Wir beantragen die heilpädagogische Pflege, die uns mehr Möglichkeiten eröffnet, den Kindern helfen zu können.

Wenig später werden die Kinder dem Kinder- und Jugendpsychiatrischen Dienst vorgestellt. Anerkannt wird für beide eine Emotionale Störung des Kindesalters. Als notwendig wird erkannt, die Kinder in einer heilpädagogischen Pflegestelle unterzubringen. Außerdem wird eine psychotherapeutische Behandlung als nötig erachtet.

Wir sind erleichtert. Jetzt können wir den Kindern zukommen lassen, was sie so dringend benötigen. Da wir beide Pädagogen und als heilpädagogische Pflegestelle anerkannt sind, können die Mädchen bei uns bleiben und wir bekommen für unseren Aufwand den berechtigten finanziellen Ausgleich. Der Weg ist frei. Vor allem ist es auch für uns eine Anerkennung unserer Mühen.

Hektische Tage

Pflegekinder sind nicht pflegeleicht. Ihre Pflegeeltern sind meist die ersten, die Verantwortung für sie übernehmen und dabei mit dem professionellen Beobachten, Handeln und Organisieren beschäftigt sind. Besonders gilt das für die Pflegeeltern, die ihren Beruf nicht völlig aufgeben wollen. Dass nicht beide Vollzeit arbeiten können, versteht sich von selbst. Uns geht es nicht anders.

Ein „normaler" Arbeitstag läuft immer in Hektik ab. Morgens muss das Frühstück organisiert werden und dabei achten wir darauf, dass beide etwas essen und trinken. Das ist nicht selbstverständlich. Alle müssen gemeinsam aus dem Haus gehen. Der Frühhort ist Kilometer entfernt; es würde sich nicht lohnen, ihn in Anspruch zu nehmen. Also sind die Kinder manchmal länger vor Schulbeginn in der Schule, als es uns und den Lehrern lieb ist. Aber wir haben keine Alternative.

Ich bin meist derjenige, der zuerst zu Hause ist. Die Kinder kommen gegen vier aus dem Hort. Dann gibt es meist etwas Kleines zum Essen; trotz Schulspeisung sind die Kinder hungrig. Anschließend geht es an die im Hort nicht erledigten Hausaufgaben, und das sind meist alle. Mappe kontrollieren, Aufgabenheft checken, bei Mathe oder Englisch helfen. Ich muss zugeben, dass ich die Aufgaben manchmal selbst nicht verstehe. Oder die Aufgaben sind nicht eingetragen, trotz Absprache mit den Lehrern, dass sie die Eintragungen kontrollieren. Meist ist es danach bereits Zeit fürs Abendessen und noch etwas Erzählen oder Spielen, aber dann ist auch schon Schluss.

Noch mag alles wie in einer ganz normalen Familie erscheinen. An drei Tagen der Woche jedoch geht Susann zur Therapie. Sommers fahren die beiden nach etwas Übung auf dem Hinweg alleine mit Bahn und Bus. Abends hole ich sie mit dem Auto ab, brauche dafür etwa eine Stunde Fahrt. Im Winter allerdings hole ich Susann zusammen mit Jeannet aus dem Hort ab, fahre 15 km zu Susanns Therapiestätte, quäle mich dann 10 km durch den Stadtverkehr, liefere Jeannett ab, fahre wieder zurück, um Susann abzuholen und fahre dann wieder zu Jeannetts Therapie, um sie einzusammeln. Allein den Therapieplan so hinzubekommen, dass es so passt, bedurfte einiger Verhandlungen mit den Therapeutinnen und es darf nichts Unerwartetes passieren oder im Wege stehen. Wir sind dann um acht Uhr, pünktlich zum Abendessen zu Hause, nach sechzig Kilometer Fahrt. An Hausaufgaben ist für beide nicht zu denken; wir müssen sie auf die anderen Tage verteilen, wenn es geht.

Nicht immer jedoch geht es so gut. Eines Tages ist Susann genervt durch die Schule, will nicht ins Auto einsteigen. Es ist spät. Die Kinder sitzen auf ihrer Rückbank und streiten sich lauthals. Da geschieht es. Beim Rechtsabbiegen bremst der vor mir abbiegende Wagen, ich bin zu dicht, es kracht. Die Stoßstange ist verbogen, ein Scheinwerfer Matsch.

Absolute Stille auf der Rückbank. Irgendwann eine bange, leise Frage. „Sind wir daran Schuld, dass du einem Unfall gemacht hast?" Was soll ich dazu sagen?

„Ich habe nicht aufgepasst, aber ihr habt mich schon genervt", versuche ich diplomatisch zu reagieren. Aber jetzt geht es darum neu zu organisieren. Susanns Termin muss ich absagen, Jeannett setze ich auf den Bus und lasse sie allein fahren und auch wieder zurückkehren.

Manchen Tag bin ich in dieser Zeit völlig fertig. Ich habe den Eindruck, nur noch zu funktionieren. Meine Unterrichtsvorbereitungen und Korrekturen ranken sich um die Termine der Kinder herum und finden meist am Wochenende oder nachts statt. Ein Ende ist nicht absehbar.

Manchmal würde ich mir wünschen, dass ein Jugendamtsmitarbeiter oder ein leiblicher Vater nur einen dieser Tage miterleben würde. Viele würden vielleicht argumentieren, dass das gar nicht sein müsste, dass wir uns zu viel Arbeit aufhalsen. Sicher gibt es nicht viele Menschen, die diesen Stress nicht einmal körperlich durchhalten würden, geschweige denn psychisch. Aber es muss sein. Also kämpfen wir weiter.

Beim Jugendamt angezeigt

Es ist eine gute Einrichtung, dass Jugendämter informiert werden können, wenn Kinder bedroht werden oder es auch nur den Anschein gibt, dass etwas in einer

Familie nicht stimmt. Manch ein Mord an Kindern hätte vielleicht verhindert werden, wenn die Nachbarn wachsam gewesen wären und einen Hinweis gegeben hätten. Viel Leid wäre Kindern erspart geblieben.

Aber nun sind wir dran. Wir haben einen Zettel im Briefkasten, der uns auffordert, das örtlich zuständige Jugendamt sofort anzurufen. Frau Wehrmann ruft uns an. Bisher war sie beständig auf unserer Seite und wir hatten ihre volle Unterstützung. Jetzt redet sie in sehr ernstem, fast vorwurfsvollem Ton mit uns.

„Sie sind sehr, sehr schlechte Pflegeeltern", beschuldigt sie uns. Niemand von uns weiß, worum es geht. Ein anonymer Anrufer berichtet von lautem Weinen und Schreien in unserem Haus. Wir würden die Kinder als „Arschlöcher" bezeichnen und grob mit ihnen schimpfen und umgehen.

Oh mein Gott! Wenn doch Susann beim Haarewaschen nicht immer so ein Spektakel machen würde! Wenn es ihr gefällt, brüllt sie wie am Spieß. Wenn ihr etwas nicht passt, verlässt sie mitten im Winter das Haus und setzt sich vor den Zaun mitten in den Schnee, ohne Schuhe, Jacke oder Mantel. Jugendämter haben das schon mal als „Freiheitsberaubung" gebrandmarkt. In jedem Falle wäre es eine grobe Pflichtverletzung, Kinder unter diesen Bedingungen einfach vor die Tür zu setzen. Aber sie ging ja alleine.

Was sollen Pflegeeltern in einem solchen Fall tun, ohne sich schuldig zu machen? Das Kind schnappen und ins Haus zerren? Wäre das nicht Gewalt? Darauf warten, dass das Kind wieder hinein kommt? Wäre das nicht Pflicht verletzend? Es ist eine Zwickmühle wie aus dem Lehrbuch.

Dabei haben wir alles getan, was wir hätten tun können. Als die Kinder zu uns kamen, wussten sie nicht einmal, wie man sich die Haare waschen und kämmen soll. Fingernägel reinigen und schneiden, unbekannt! Ist es Körperverletzung, die Kinder dazu anzuhalten und ihnen damit zu helfen, sie dazu zu bewegen? Wäre das Gegenteil, alles gewähren zu lassen, nicht genau die Vernachlässigung, die sie Jahre lang erfahren haben?

Es steht fest, dass es den Kindern so gut bei uns geht, wie es ihnen noch nie gegangen ist. Sie entwickeln sich positiv. Wir erweitern schrittweise ihren Horizont und fördern ihre Entwicklung nachhaltig. Sie fühlen sich wohl bei uns, sagen Mama und Papa zu uns, ohne dass wir das verlangen oder erwarten würden.

Natürlich können wir nicht ausschließen, Fehler zu machen. Aber wir lernen aus Fehlern und bemühen uns, sie nicht zu wiederholen. Die Therapeutinnen helfen uns dabei, zu verstehen, was Traumatisierung bedeutet und welche Verhaltensweisen daraus resultieren. Wir wissen, dass sie ihre bisherigen Erfahrungen und Gefühle auf uns übertragen, uns aber gar nicht damit meinen.

Es ist schon merkwürdig. Der Anrufer beim Jugendamt hat angegeben, dass er die geschilderten Vorgänge gar nicht mitbekommen hat, sondern im Auftrag eines anderen anruft und dabei noch anonym bleiben will. Das klingt sehr nach einem

Nachbarn, wie ihn jeder kennt, der mit seiner Umwelt nicht in Frieden leben will oder kann und der deshalb stänkert und dafür einen Grund sucht.

Wir beschließen, in die Offensive zu gehen. Jedem, der es in unserer Straße hören oder nicht hören will, erzählen wir von der Anzeige. Natürlich ist jeder entrüstet, die meisten versichern uns ihres Respekts und ihrer Solidarität. Es ist die einzige Möglichkeit, unser Ansehen wieder herzustellen.

Aber die Anzeige hat auch Auswirkungen auf unsere familiäre Situation. Wir fühlen uns ständig beobachtet und in unserem Handeln eingeschränkt. Mit der Unbefangenheit in unserem Leben ist es vorbei. Und natürlich ist die Anzeige Thema in unserer Familie. Jetzt, zu einem Zeitpunkt, zu dem wir daran arbeiten, dass sich die Kinder sicher fühlen und binden können, steht die Frage nach den Folgen der Anzeige im Raum. „Müssen wir jetzt wieder ins Heim? Wir möchten doch bei euch bleiben!", sorgt sich Susann, der doch die Anzeige gerade nützen sollte.

Wir versuchen, die Situation zu entschärfen, obwohl wir die Konsequenzen selbst nicht abschätzen können und beruhigen die Kinder. Aber sie müssen sich eben doch mehr zurückhalten, um der Nachbarschaft keinen Anlass für weitere Beschwerden zu geben. Wir befürchten, dass das unseren beiden Kindern eher schadet.

Natürlich muss das Jugendamt dem Vorfall nachgehen. So kündigen sie sich zu einem Hausbesuch an, um mit uns zu sprechen. Frau Wehrmann, die noch zuständig ist und Frau Schilling, die die Zuständigkeit bald übernehmen wird, sitzen bei uns am Tisch. Sie können sich davon überzeugen, dass die Kinder unversehrt und stark beunruhigt sind.

Wir schildern die Sache aus unserer Sicht und betonen, dass diese Aktion der Stabilisierung der Situation der beiden Kindern nicht zuträglich war. Deshalb fordern wir ein, dass nicht nur die Kinder geschützt werden müssen, sondern auch die gesamte Pflegefamilie vor Angriffen von außen bewahrt werden muss. Dabei wollen wir, dass diese und künftige Situationen auch darauf untersucht werden, ob eine Anzeige wirklich fundiert ist oder ob andere Interessen dabei mitspielen. Wir schlagen vor, Nachbarn, die Schule und den Hort zu befragen.

Sicherlich haben die Mitarbeiter der Jugendämter auch ihre Erfahrungen und ein Urteilsvermögen. Jedoch in einer Zeit, in der die Jugendämter in der Kritik stehen, nicht genug gegen Misshandlungen von Kindern zu tun, sind auch sie unsicher geworden und möchten sich absichern. Aber in unserem Falle bleiben Konsequenzen aus; wir haben wohl überzeugt.

Wir trennen die Kinder

Es gibt Kinder, die leben in ihrer Familie zu mehreren in einem Zimmer, bis sie das Elternhaus verlassen. Es ist einfach nicht genug Platz da und jeder muss auf den anderen Rücksicht nehmen.

Als wir unsere Mädel bekamen, haben wir beschlossen, beide in einem Zimmer wohnen zu lassen. Grund war nicht der Platzmangel. Im Obergeschoss haben wir noch drei Zimmer. Aber sie haben ihr ganzes Leben lang zusammen geschlafen. Wir glaubten, es wäre für sie eine Stütze. Und wir wollten die räumliche Nähe, gegenüber unserem Schlafzimmer, damit wir im Notfall eingreifen könnten. Inzwischen hat sich aber heraus gestellt, dass sie sich eher in ihrer Entwicklung behindern als fördern. Es sollte sein, aber gut vorbereitet.

Es ist ein schöner Sommertag. Wir haben Besuch. Susann ist im Bett, Jeannett darf etwas länger aufbleiben, weil Susann nicht zur Ruhe kommt.

Als wir den Besuch aus dem Hause begleiten, stellen wir fest, dass Jeannett eingerollt auf dem Wohnzimmersofa schläft. So kann ich sie nicht in ihr Hochbett tragen und aufwecken wollen wir sie auch nicht. Also fassen wir den Beschluss. Ich trage Jeannett nach oben in das Zimmer, was wir ihr sowieso zugedacht hatten und lege sie behutsam ins Bett.

Am nächsten Morgen erscheint Jeannett schlaftrunken um Frühstück. „Warum bin ich oben aufgewacht?", will sie wissen. „Du warst eingeschlafen, und dann habe ich dich nach oben getragen", antworte ich. Möchtest du in Zukunft immer oben schlafen oder lieber unten?" Jeannetts Augen beginnen zu glänzen. „Au, ja", strahlt sie. „Wird das dann mein Zimmer?" „Ja, das wird es", antwortet Ruth. „Du hast dann ein eigenes Zimmer, für das du dann ganz allein verantwortlich bist."

Jeannett ist glücklich. All ihre Spielsachen werden nach oben getragen, die Kleidung wird in den Schrank gelegt und gehängt. Es dauert nicht lange, bis sich Jeannett an die neue Situation gewöhnt hat. Sie genießt sie sichtlich.

Aber es ist ein zweischneidiges Schwert. Jeannett kann ab jetzt nicht mehr behaupten, Susann habe die Unordnung veranstaltet und Susann ist enttäuscht, weil sie nun allein in dem früher gemeinsamen Zimmer zurecht kommen muss. Die Unterstützung, die sie sich von Jeannett bisher erhofft hat, bekommt sie sowieso nicht mehr. Nun ist es offensichtlich. Die Zeiten, als sie sich gemeinsam gegen die Erwachsenenwelt verbünden mussten, sind nun endgültig vorbei. Nun stehen sie in Konkurrenz um die Aufmerksamkeit, die sie sich ungeteilt von uns erhoffen. Sie werden mit allen ihnen verfügbaren Mitteln darum kämpfen.

Baby Susann

Es gibt Tage im Alltag von Pflegeeltern, die verlangen ihnen alles ab: Verständnis, spontan richtiges Handeln, das Bewahren der Ruhe. Heute ist so ein Tag und wir fühlen uns wieder einmal mit einer Situation konfrontiert, die wir bisher noch nicht kannten.

Susann hat, wie so oft im Winter, eine Infektion der Atemwege, die zugleich durch ihre asthmatische Grundkonstitution verschlimmert wird. Sie hustet in einem Fort. Die Kinderärztin verordnete ein Hustenmittel, Inhalationen und heiße Zitrone zum Lösen des Schleims.

Also gibt es zum Abendessen die heiße Zitrone. Die Inhalation steht bereit. Aber Susann streikt. Sie schiebt die Zitrone weg.

„Susann", beginne ich an ihr Verständnis zu appellieren, „wenn du gesund werden willst, musst du etwas dafür tun. Du musst die Zitrone trinken und hinterher die Inhalation machen."

Susann aber hat schon lange abgeschaltet. Sie jault lauthals und lässt sich vom Stuhl auf den Boden sinken. Dort krabbelt sie auf allen Vieren und gibt grunzende, quiekende Laute von sich. Es ist offensichtlich kein albernes Gehabe; sie meint es ernst. Sie krabbelt aus der Küche hinaus in den Flur, wo sich aus ihrem Schlüpfer unter dem Kleidchen ein übel riechendes Rinnsal den Weg bahnt.

Ruth ist starr vor Entsetzen und blickt mich hilflos an. Jeannett steht daneben und kreischt „Iiiieh, sie dir die mal an! Die hat doch nicht mehr alle!" Ich nehme sie und gehe mit ihr zurück in die Küche. „Warum tut sie das? Sie will euch bloß ärgern!" wird sie von ihrer Schwester beschuldigt. Derweil hat Ruth Susann vom Boden aufgehoben, sie wiegt sie wie ein Baby in ihren Armen, trägt sie ins Badezimmer. Sie entkleidet sie und duscht sie unter Susanns lautem Gebrüll warm ab. Dann nimmt sie sie wieder in die Arme, wiegt sie wieder, zieht ihr die Nachtwäsche an und legt sie ins Bett. Das Gebrüll ist einem leisen Wimmern gewichen. Ich komme dazu, streichele ihr leicht das Haar und rede ihr beruhigend zu.

„Es ist alles gut, alles wird gut. Sei jetzt ganz ruhig und schlaf ein bisschen." Susanns Augen fallen zu. Es ist vorbei.

Als wir in die Küche kommen, sitzt Jeannett auf ihrem Platz, die Hände ins Gesicht gestemmt, die Lippen zusammengepresst. Sie sagt nichts. Uns ist allen der Appetit vergangen. Schließlich steht sie auf und sagt leise „Ich geh jetzt auch ins Bett." und verschwindet nach oben in ihr Zimmer.

Wir ahnen, dass mit Susann irgend etwas nicht stimmen kann, aber wir wissen nicht was. Ist es eine Krankheit, unter der sie leidet? Haben wir etwas falsch gemacht? Haben wir richtig reagiert? Was tut man in solchen Situationen? Wie lange halten wir das noch aus?

Als wir das Erlebnis mit der Therapeutin besprechen, ist sie nicht erstaunt. Sie hält diese Verhaltensweise, die Susann auch in den Therapiestunden an den Tag legt, für Susanns Entwicklungsstand für normal. „Erwarten Sie nicht zu viel", erklärt sie uns. „Susann ist in Teilen ihrer Persönlichkeit im Babyalter. Dazu gehört Krabbeln und auf den Teppich zu urinieren. Sie möchte in diesen Situationen wieder zurück in den Mutterleib oder in die Rolle des Babys, das umsorgt wird und im Mittelpunkt steht. Das aber ist es, was sie nie erfahren und erhalten hat. Verwundert sie das? Sie müssen akzeptieren, dass es solche Vorkommnisse immer wieder geben wird."

Wir sind entsetzt über die schonungslose Ehrlichkeit und Professionalität der Therapeutin. Sie bestärkt uns auch darin, dass wir alles richtig gemacht haben.

Aber wir wissen jetzt: Das unversorgte Baby, das vernachlässigte Kleinkind kann jederzeit wieder durchbrechen. Susann wird noch häufiger in ihre früheste Kindheit zurückfallen. Es braucht nur einen nichtigen Anlass. Und es ist uns klar: Wir können ihr dieses Verhalten nicht zum Vorwurf machen oder sie gar dafür bestrafen. Sie ist dann nicht mehr Herr der realen Situation.

Kampf um Nahrung

Bei Pflegekindern muss man auf alles gefasst sein. Sie kämpfen um alles, was sie früher nicht hatten. Heute haben wir ein Erlebnis, das uns erschüttert.

Wir müssen manchmal in den Zimmern nach dem Rechten sehen. Heute sehen wir nach Jeannetts Zimmer. Und wir sehen eine Szene, die unwirklich erscheint, wie ein Traum. Neben Dosen mit verschimmeltem Obst, das ihr Ruth für die Schule mitgegeben hatte und unsagbarem Müll finden wir zwei Konservendosen, die Ananas und Mandarinen enthielten. Die Dosen sind offensichtlich mit einem Hammer und einem Schraubenzieher geöffnet wurden. Eine wurde im Nachhinein mit einem Dosenöffner geöffnet.

Das Szenario stellen wir uns so vor:

Jeannett geht in den Keller, wo der Vorratsschrank steht. Sie nimmt zwei Dosen mit, geht zum Werkzeugbrett und nimmt einen Hammer und einen Schraubenzieher mit nach oben. Dort versucht sie, die Dosen mit den Werkzeugen zu öffnen. Bei einer klappt es, sie verschlingt den Inhalt. Bei der zweiten klappt es nicht. Also geht sie eine Etage tiefer in die Küche und holt sich einen Dosenöffner. Dann vertilgt sie den Inhalt der anderen Dose. Das Ganze kann sich nur nachts abgespielt haben; tagsüber war die Gefahr, entdeckt zu werden, einfach zu groß.

Was für eine Tragödie! Die Vergangenheit hat Jeannett eingeholt. Hat sie von Hunger geträumt und davon, dass sie sich etwas zu essen beschaffen muss? Wir vermuten, dass ihr Verhalten zwanghaft ist. Deshalb machen wir keine Vorwürfe.

Welche schlimmen Zeiten der Vernachlässigung und der Entbehrung müssen unsere Kinder mitgemacht haben! Sie handeln zwanghaft und besorgen sich Nahrung, obwohl sie zu essen im Überfluss bei uns haben. Ob wir es schaffen, dieses Trauma zu lindern dadurch, dass alles zur Verfügung steht? Dass wir die Kinder zu verstehen versuchen und ihnen zur Seite stehen? Es wäre fast wie ein Wunder.

Jeannett bedankt sich

Jeannett schreibt uns heute einen Brief. Sie hat bestimmt eine Menge Arbeit hinein gesteckt; er ist richtig künstlerisch. Aber auch der Inhalt ist schwer an Bedeutung. „Ich habe Euch lieb", das ist nicht einfach so dahin gesagt. Jeannett darf endlich einmal eine Bindung zu jemandem aufbauen, auch wenn sie sich noch sehr unsicher ist, ob sie uns vertrauen kann. Aber sie kann wertschätzen, dass wir für sie da sind: Das „Danke für das was ihr in dieser Woche getan habt" nimmt mehr als die Hälfte der Seite ein. Wir sind glücklich und sagen ihr das auch.

Jeannetts Brief rührt uns. Es ist die erste emotionale Äußerung, die wir von ihr bekommen. Es zeigt uns aber auch, welche Widersprüche in ihr toben müssen. Einerseits verschafft sie sich Nahrungsmittel aus unserem Vorratsschrank und verzehrt sie. Andererseits weiß sie, dass ihr nichts passieren kann bei uns und vertraut darauf, dass wir die richtigen Entscheidungen treffen und sie unterstützen.

Es ist ein Widerspruch, der schon für uns schwer auszuhalten ist. Wie schwer muss es für Jeannett ein, diesen Widerspruch auszuhalten? Wir alle müssen lernen, damit zu leben.

Hilfe vom Pflegeelternverein

Pflegeeltern, die allein mit ihren Problemen klar kommen wollen, haben schlechte Karten. Sie sind bald verbrannt und im schlimmsten Falle führt ihre Überlastung dazu, dass sie die Kinder zurück geben müssen. Das ist dann ein weiterer Bindungsabbruch und stürzt sie in Schuldgefühle. Aber woher sollen Pflegeeltern wissen, welche Hilfen ihnen zur Verfügung stehen?

Durch Zufall stoße ich im Internet auf die Website Vereins für Pflegekinder. Dort gibt es eine Telefonnummer. Wir zögern zuerst, anzurufen. Wie wird man mit uns umgehen? Wird man uns verstehen? Sind wir vielleicht nur schlechte Pflegeeltern, nicht professionell genug, halten wir nicht genug aus?

Schließlich wagen wir es. Eileen Große ist die stellvertretende Vorsitzende und für die Öffentlichkeitsarbeit zuständig. Wir fassen sofort Vertrauen. Sie sichert uns zu, dass alles, was wir ihr anvertrauen, unter uns bleibt.

Eileen hört uns geduldig zu. Ihre Äußerungen zeigen uns, dass sie weiß, wovon sie redet.

„Ihr müsst erstmal sehen, dass ihr eine Auszeit kriegt", rät sie uns. „Eure Kinder sind hoch traumatisiert. Kein Wunder, dass ihr so gestresst seid. Ihr seid wirklich nicht zu beneiden. Wir haben am nächsten Samstag ein Seminar für Pflegeeltern traumatisierter Kinder. Wollt ihr nicht kommen? Ihr könnt dann andere Pflegeeltern kennen lernen, die eure Situation kennen."

Zunächst zögern wir. Was sollen wir mit den Kindern tun? Aber Eileen weiß Rat.

„Wir haben für die Dauer des Seminars für die Kinder eine Betreuung organisiert“, beruhigt sie uns. „Es wäre für euch eine gute Gelegenheit, andere Pflegeeltern zu treffen, denen es ganz genauso geht wie euch.“

So fahren wir am Samstag einige Kilometer weit. Die Kinder begleiten uns. Vor Ort in einem Hotel ist alles wohl organisiert. Wir brauchen uns keine Gedanken um die Kinder zu machen, sie werden professionell betreut.

In den Pausen haben wir die Gelegenheit, mit anderen Pflegeeltern zu reden. Es ist immer wieder dasselbe: Aggression, Diebstahl, Unordnung, Ärger mit dem Jugendamt und der Herkunftsfamilie. Zum ersten Mal erfahren wir: Wir stehen nicht allein da mit unseren Problemen. Das tut uns gut.

Abends treten wir die Heimreise an. Jeannett erzählt von den Kontakten mit den anderen Pflegekindern. „Stellt euch mal vor", resümiert Jeannett, „es gibt Kinder, denen ist es noch viel schlechter ergangen als uns." Eine Erkenntnis, die zuerst die zuerst beklemmend, aber dann ausgesprochen beruhigend wirkt.

Es ist ein Glück, dass wir Eileen und die anderen kennen gelernt haben. In diesen paar Tagen haben wir mehr erfahren als in den letzten Jahren. Wir wissen: Wir stehen nicht allein. Das gibt uns mehr Ruhe und Kraft im Umgang mit den Kindern.

Besuch im Knast?

Pflegeeltern werden vor immer neue Aufgaben gestellt. Jetzt besteht der Kindesvater auf Umgangskontakten, obwohl er inhaftiert ist. Wir fragen uns, wie das gehen soll. Sollen wir mit den Kindern im Besucherraum sitzen? Sollen wir die Sicherheitsuntersuchung über uns ergehen lassen? Wie werden die Kinder reagieren? Werden sie nicht zusätzlich zu den Erfahrungen aus ihrer Kindheit traumatisiert und ist ihnen das alles zuzumuten? Wir werden dem mit Sicherheit nicht zustimmen.

Frau Schilling, unsere Sachbearbeiterin, hat immer eine Lösung, wenn es um die Rechte der leiblichen Eltern geht. In diesem Fall arrangiert sie einen Termin im Jugendamt. Wir haben mit den Kindern zu erscheinen und auch sie wird anwesend sein.

Die Kinder lassen alles über sich ergehen. Sie wehren sich nicht, aber sie freuen sich auch nicht. Sie sind einfach teilnahmslos. Im Auto während der Fahrt herrscht Stille. Keine Gespräche, keine Streitereien. Als wir eintreffen, ist niemand da – außer Frau Schilling. Sie erklärt uns, dass es auf der Autobahn einen Stau gegeben hätte und der Gefangenentransport deshalb verspätet eintreffen würde. Die Kinder sind nicht davon abzubringen, ihren Vater auf dem Parkplatz zu erwarten.

Da schließlich trifft der Gefängniswagen ein. Ein Kleinbus mit Gittern an den Fenstern und mit getönten Scheiben. „Sitzt da unser Papa drin?", fragt Susann leise. Jeannett nickt stumm. Die Türen öffnen sich, zwei Justizbeamte steigen aus, öffnen die hintere Tür. Der Kindesvater verlässt das Fahrzeug und wird unmittelbar von den Justizbeamten in die Mitte genommen. Die in den Halftern unter den Jacken steckenden Dienstwaffen sind nicht zu verbergen. Der Kindesvater trägt Handschellen. Er wirft den Kindern ein schnelles Lächeln zu. Sie setzen sich in Richtung Eingang in Bewegung, dahinter wir mit den Kindern, die Mädchen mit gesenkten Köpfen. In dem für den Besuchskontakt vorgesehenen Raum angekommen, werden wir von Frau Schilling begrüßt. Die Justizbeamten beziehen Stellung in einem Nebenraum.

Der Raum, in dem wir uns befinden, ist weiß gestrichen, ein Schreibtisch und ein Besprechungstisch, an dem wir Platz nehmen. Die Kinder und wir auf der einen und der Kindesvater auf der anderen Seite. Ruth wäre nicht Ruth, wenn sie die Situation nicht vorausgesehen hätte und Vorsorge getroffen hätte. Sie hat einen Korb mit Geschirr und Tassen gepackt und zwei Thermoskannen mitgenommen. Eine ist mit Kaffee gefüllt, die andere mit heißer Schokolade. Niemand von uns hat ernsthaft erwartet, dass das Jugendamt eine so heikle Situation auch aus der

Perspektive der Kinder betrachtet und für eine aufgelockerte Situation sorgt. Hauptsache den Gesetzen ist Genüge getan.

Sie verteilt das Geschirr und Besteck und bietet den Kuchen und die Getränke an. Der Kindesvater stößt mit sauertöpfischer Miene hervor „'n Bier wär mir lieber" und Frau Schilling ziert sich und lehnt mit einem leisen „Nein, danke" ab und fügt hinzu: „Sie hätten sich doch nicht solche Umstände machen müssen." Weiß sie was sie überhaupt, was sie tut? Hat sie Angst, wir würden wir etwas in den Kaffee tun? Die Kinder und wir wechseln Blicke des Bedauerns und lassen uns den Kaffee, die Schokolade und den Kuchen schmecken. Frau Schilling und der Kindesvater sehen uns schweigend zu.

Schließlich bricht Frau Schilling das Schweigen. „Wie war denn euer Urlaub?" „Schön", strahlt Susann. „Wir haben an der Nordsee gezeltet. Es war sooo heiß!" Jeannett übernimmt jetzt. „Und in Cuxhaven haben wir uns verirrt! Da haben Mama und Papa uns mit der Polizei gesucht. Der Polizeiwagen ist über die Strandpromenade gefahren und hat immer unsere Namen durch den Lautsprecher gerufen."

Frau Schillings Gesicht verfinstert sich. „Darüber werde ich noch mit euren Pflegeeltern sprechen müssen", kündigt sie an. Der Kindesvater blickt mürrisch.

Wieder hat Ruth vorgebaut. Sie hat die Urlaubsfotos mitgenommen. Susann nimmt sie und nähert sich ihrem Vater. „Magst du sie sehen? Hier…" und hält sie ihm hin. Der sieht sie eilig durch und murmelt etwas wie „Schön". Dann breitet Susann die Fotos auf dem Tisch aus und kommentiert sie. Auch Jeannett, die sich bisher kaum bewegt hat, nimmt nun teil.

„Sieh mal, unser Zelt!" „Da ist die Wasserrutsche!" „Und da sind die Engländer mit dem Liegerad, mit denen sich Papa so lange unterhalten hat – und alles auf Englisch!", bemerkt Jeannett mit einem gewissen Stolz, unseren beiden Gegenübern ins Gesicht blickend, ob es nicht einen Anflug von Bewunderung oder zumindest Anteilnahme gäbe. Aber Sachbearbeiterin und Kindesvater zeigen keine Regung.

Schließlich, nachdem sich diese gespenstische Situation anderthalb Stunden hingezogen hat, kommt von Frau Schilling der ersehnte Abpfiff. „Wir können uns ja noch einmal treffen, wenn ihr wollt. Aber für heute ist es wohl genug." Es klang eher wie: Meine Dienstzeit ist jetzt zu Ende und wir haben unsere Pflicht erfüllt.

Im Auto wieder Schweigen. Zuhause gibt Jeannett eine Einschätzung des Besuchskontakts.

„Ich weiß gar nicht, warum wir da waren. Mein Vater hat nichts gesagt, Frau Schilling hat keinen Kuchen gegessen und überhaupt möchte ich meinen Vater so nicht wiedersehen. Ich hab doch jetzt dich, Papa", wendet sie sich zu mir.

„Jeannett, wie kannst du so etwas sagen!", erregt sich jetzt Susann. „Mir tut er leid, mit den Handschellen und in dem vergitterten Auto."

„Susann, bist du blöd?, fährt Jeannett sie an. „Weißt du nicht mehr, was er Mama angetan hat und dass er sich nie um uns gekümmert hat? Ich will mit ihm nichts mehr zu tun haben, bevor er mir nicht sagt, warum er das alles getan hat. Am besten ist, er kommt nie mehr aus dem Gefängnis!“

Hier muss ich mich einschalten. „Jeannett, du hast Recht, dein Vater hat viele falsche Dinge getan. Er konnte nicht für euch sorgen. Aber wenn ein Mensch seine Strafe verbüßt hat, wird er aus dem Gefängnis entlassen. Die Taten sind zwar noch die selben. Aber man muss Menschen auch die Chance geben, sich zu bessern. Dass ihr zu eurem Vater nicht mehr zurück könnt, ist klar. Aber vielleicht willst du ja später mal mit ihm reden.“

Jeannett stemmt wieder die Fäuste in ihr Gesicht und hat wieder diese schmalen Lippen. Wie immer bedeutet das: Ich will nicht mehr reden. Wir beenden den Abend und schicken die Kinder ins Bett.

Tage später werden wir Zeugen eines Spiels der Kinder. „Ich bin Jeannett und du bist unser Vater. Du musst auf meine Fragen antworten. Ok? Ich frage dich jetzt. Warum hast du versucht, Mama umzubringen?“ Susann ist verzweifelt. „Ich habe doch gar nichts gemacht!“ „Natürlich, du wolltest sie umbringen. Warum?“ „Sie hat es verdient. Nein, das stimmt nicht. Er hat sie auch gar nicht umgebracht.“ „Aber du hast uns immer weggeschickt, zu fremden Leuten.“ „Das wollte er nicht, er hat uns lieb! Ich will nicht mehr spielen, Jeannett! Es ist ein doofes Spiel.“

Verstört sucht Susann ihr Zimmer auf und legt sich ins Bett. Sie ist nicht mehr ansprechbar. Der Tag ist für sie gelaufen.

Wie sollen wir das je auffangen? Es sind die Auswirkungen des Besuchskontaktes, mit denen wir nun da stehen. Frau Schilling hätte sich schon etwas mehr Mühe geben können. Besuchskontakte sind nicht vorbereitet, der Ablauf ist unklar und dem Zufall überlassen. Die Kinder spüren überdeutlich, dass es hier nicht um sie geht, sondern nur um das vermeintliche Recht des Kindesvaters.

Warum lässt man diese geschundenen Kreaturen nicht in Ruhe? Warum lässt man die Pflegeeltern nicht behutsam eine Bindung zu den Kindern aufbauen, damit sie nicht später durchs Leben gehen, ohne in der Lage zu sein, Bindungen zu anderen Menschen aufbauen zu können? Warum müssen diese Kinder das alles ertragen? Es ist eine verkehrte Welt und die Chancen auf Heilung der seelischen Wunden vernachlässigter, missbrauchter Kinder gehen unter solchen Voraussetzungen gegen null. Fast könnte man den Eindruck haben, dass man sie bewusst den Interessen ihrer leiblichen Eltern opfert.

Traumaweihnacht

Weihnachtszeit ist Traumazeit in unserer Familie. Die Zeit, in der für jedes einzelne Familienmitglied Bilder entstehen, die wir in unseren Köpfen haben, die Teil der Persönlichkeit sind und die uns geprägt haben. Die Zeit, mit der so unendlich viele Erwartungen verbunden sind, Stimmungen und Vorstellungen.

Nicht nur für unsere Kinder gibt es traumatische Erlebnisse, die mit der Weihnachtszeit verknüpft sind.

In meinem Elternhaus war Weihnachten immer eine Zeit des Überflusses, ja, fast könnte man sagen, der Völlerei. Es gab Gans am ersten Feiertag, es wurde Wein getrunken, die Familie saß beisammen, immer waren unsere Großeltern, Tanten und Onkel dabei, die bunten Teller quollen vor Süßigkeiten über. Alle kannten nur ein Thema: Die Entbehrungen des Weltkrieges. Die Geschichte über die Zeiten der Gefangenschaft meines Vaters, nachdem sein Minensuchboot im Ärmelkanal von Briten torpediert wurde und von denen die verheilten tiefen Narben an seinen Armen und Beinen beredtes Zeugnis ablegten, kannten wir auswendig. Die Zeiten der Flucht meiner Mutter erst aus Paris vor den heran nahenden alliierten Truppen und dann aus Berlin vor der Sowjetarmee aus Angst vor Vergewaltigungen haben sie tief geprägt.

Mir fehlte als Jugendlicher angesichts der Hungersnot in Biafra und des Vietnamkrieges jedes Verständnis für solche Feste. Als Kind wusste ich, dass Familie an einem solchen Tag zusammen gehört, dass es harmonisch und romantisch war, das alle Kriegsbeile begraben wurden. Ich weiß heute, wie stark der Krieg meine Eltern traumatisiert hat und dass das Weihnachtsfest ein Freudenfest war, an dem man sich alles leisten konnte, was es früher nicht gab und das die Wunden heilte.

Ruth hat, wie jeder, ihre eigenen Erfahrungen mit dem Weihnachtsfest. Ihr Vater brachte in konstanter Regelmäßigkeit die Weihnachtsgans als ersten Preis vom Preisskat mit nach Hause. Der Weihnachtsbaum wurde im Wald gefällt und beim Förster gekauft. Er wurde von ihrem Vater geschmückt und niemand durfte ihn sehen, bevor das Werk vollendet war. Die Familie war beisammen und so manches Mal musste Vater, der Eisenbahner war, an den Feiertagen hinaus, um Weichen und Gleise vom Schnee und Eis zu beseitigen. Auch er hat sein Trauma im Krieg erlebt, als er als 15-Jähriger zum „Volkssturm“, dem letzten Aufgebot der nationalsozialistischen Diktatur an der Ostfront, eingezogen wurde und im April 1945 sehen musste, wie er seinen Heimweg über Hunderte von Kilometern durch ein in Schutt und Asche liegendes Land fand.

Und dennoch: Es gab intakte Familienbande, oft Helfer in der Not und die Geschichten aus dem Krieg klingen alle erstaunlich positiv und es gab irgendwie immer eine Wende zum Besseren. Besonders die Familien der damaligen Bundesrepublik und dem Westen Berlins genossen die wieder erlangte Freiheit und den Wohlstand und hatten kein Verständnis für die Generation der „Achtundsechziger“, die politische und moralische Vorstellungen ihrer Eltern so vehement kritisierten.

Weihnachten für unsere beiden Pflegekinder ist dagegen immer wieder eine Zeit der Erinnerung an das Schlimmste, was ihnen je passierte. Es geschah mitten in ihrer Familie, die sich zum Weihnachtsfest versammelt hatte. Schon damals war klar, dass die Eltern nicht in der Lage waren, die beiden Kinder zu versorgen. Das

Jugendamt vertraute aber darauf, die Familie zu stabilisieren. Deshalb beurlaubte man sie für die Festtage aus dem Heim in ihre Familie.

Jeannet sitzt mit Susann in der Küche und spielt. Plötzlich ein Streit im Wohnzimmer. Der Vater brüllt, die Mutter schreit hysterisch, sie fällt zu Boden, überall ist Blut. Vater schließt sich auf der Toilette ein, sein Schwager tritt gegen die Tür, er versucht, seine Schwester zu rächen. Ein unglaubliches Chaos. Die Kinder kommen hinzu, Susann wirft sich vor die Toilettentür, wird von ihrem Onkel getreten, bevor er sich umwendet und seiner am Kopf verletzten Schwester zu Hilfe eilt. Jeannett, die für ihre Schwester schon in mancher Situation eintreten musste und weiß, was sie in scheinbar aussichtslosen Situationen zu tun hat, hat sich schon den Weg zum Telefon gebahnt und die Polizei benachrichtigt.

Es dauert zwanzig lange Minuten. Sie scheinen wie eine Ewigkeit. Die blutende Mutter am Boden, die Kinder und ihr Onkel neben ihr. Der Vater noch immer verschanzt. Endlich klingelt es. Wieder ist es Jeannett, die die Initiative ergreift und die Tür öffnet. Männer in weißen Jacken und Hosen stürmen herein, versorgen die Verletzte und tragen sie hinaus. Keine Lebensgefahr. Es soll das letzte Mal, dass sie diese Wohnung betritt.

Nach den Sanitätern folgt die Polizei. Sie fordern Verstärkung an. Die erste Mannschaft nimmt Vater und Onkel mit. Die zweite kümmert sich um die Kinder. Jeannett stellt ungerührt fest: „Ich will wieder ins Heim. Da sind wir sicher." Susanns verzweifeltes Schreien ist in ein leises Schluchzen übergegangen. Sie ist tagelang nach dem Ereignis nicht mehr ansprechbar. Jeannetts Augen haben sich in kleine Schlitze verwandelt, aus denen sie die Umwelt mit misstrauischen Augen betrachtet. Ihr Mund ist schmal, ihr Gesichtsausdruck hart und ernst. Es dauerte Jahre, bis er sich änderte.

Jeannett und Susann haben ein Schicksal erlitten, das uns als Pflegeeltern so völlig unvorstellbar ist. Es dauerte Jahre des Einfühlens und der Erfahrung, bis wir uns eine ungefähre Vorstellung von den Folgen machen konnten, die ihre Persönlichkeit beeinflussen. Wen wundert es, dass unsere Kinder Erwachsenen nicht mehr vertrauen? Für uns heißt das, uns Stück für Stück ihr Vertrauen zu erarbeiten und zu verdienen. Sie müssen erfahren, dass wir für sie da sind, bedingungslos ihre Interessen vertreten und uns für sie einsetzen.

Für Jeannett ist es nicht einfach, dies zu akzeptieren. Sie war immer diejenige, die Susann beschützen musste und für sie gesorgt hat, wenn ihre Eltern als Versorger ausfielen. Sie meint in jeder Situation zu wissen, was sie zu tun hat und was für sie am besten ist. Es fällt ihr schwer, zu akzeptieren, Rat anzunehmen und zuzugeben, wenn sie falsch liegt. Nach den Erfahrungen, die sie gemacht hat, verwundert das nicht.

Susanns Misstrauen ist hilflos. Sie verweigert sich, sie versorgt sich durch Entwendungen, sie provoziert, um die Loyalität der erwachsenen Bezugspersonen zu testen. Häufig tauchen bei ihr die Bilder auf, die sie an Situationen der Vernachlässigung und der Gewalt erinnern. Sie kann dann die Realität und ihre

Flashbacks nicht mehr auseinander halten. Und sie reinszeniert Situationen, die ihr bekannt sind, aber unter denen sie so sehr leidet. Es ist wie ein Teufelskreis.

Wir wissen: Als Pflegeeltern haben wir die Aufgabe, unseren Pflegekindern zu zeigen, dass wir sie annehmen, mit allen Erfahrungen und allem Anderssein, auch wenn wir es uns nicht immer erklären können. Wir müssen ihnen zeigen, dass sie willkommen sind.

Dabei brauchen Pflegeeltern Hilfe. Gerade in der Weihnachtssituation müssen sie stark sein. Ob Jugendämter und Therapeuten davon wissen? Ob sie bereit sind, Unterstützung zu gewähren?

Pflegeeltern haben keinen Feierabend. Sie sind jede Sekunde ihres Lebens mit der Traumatisierung ihrer Pflegekinder konfrontiert. Professionalität heißt hier: Sich das Verhalten der Pflegekinder erklären können und blitzschnell zu de-eskalieren, um Situationen nicht ausufern zu lassen. Ist diese Aufgabe lösbar?

Wir wollen es wissen

Es ist jetzt unser Bestreben, alles über die Kindheitserfahrungen unserer Kinder zu erfahren. Jugendämter sind häufig sehr zurückhaltend, die Pflegeeltern mit genügend Informationen zu versorgen. Sie argumentieren, dass sie ohne Zustimmung der leiblichen Eltern keine personenbezogenen Sozialdaten weitergeben dürften.

So gesehen, sind wir mit Informationen recht gut ausgestattet worden, wir kennen die Gründe der mehrfachen Inobhutnahmen. Aber uns fehlen Details, um unsere Kinder und ihr Verhalten zu verstehen und darauf reagieren zu können. Ohne diese Details neigen Pflegeeltern, Schule und Kindergarten oder Hort dazu, sie einfach als dumm, böse oder aggressiv, also kurz als schlecht zu betrachten.

Wir wollen jetzt wissen, was alles im Detail unsere Kinder geschädigt hat. Also schreiben wir mehrfach an Frau Schilling, bombardieren sie mit der Forderung nach einem klärenden Gespräch mit allen Beteiligten. Dazu gehört das in Obhut nehmende, aber auch das zuständige Jugendamt sowie der Kindesvater. Wir ahnen nicht, was wir lostreten. Dutzende Telefonate führen wir mit der Sozialarbeiterin des Kindesvaters, ebenso mit der Rechtsberaterin des in Obhut nehmenden Jugendamtes. Immer wieder fordern wir ein Gespräch mit allen Beteiligten. Als es endlich zustande kommt, müssen wir feststellen, dass wir bereits viel mehr wissen, als uns die Jugendämter wirklich sagen können.

Es ist immer wieder dasselbe. Die Frage nach der Vergangenheit der Kinder stößt überall auf peinliches Berührtsein und Schweigen. Wir denken, dass der Kindesvater ein natürliches Interesse daran haben müsste, dass es seinen Kindern gut geht. Aber wir haben uns getäuscht. Er verweigert jedes Gespräch über die Vergangenheit seiner Kinder. Es geht ihm nur um sich selbst. Er hat seine eigenen Ansichten von Schuld und kann sie für sich nicht anerkennen.

Weg ist nicht weg – nur woanders

Pflegeeltern sind auch Streitschlichter, wenn sie mehr als ein Pflegekind haben. Aber es gibt Situationen, da müssen sie klar Stellung beziehen. Da müssen sie für ein Kind eintreten, um ihm Gerechtigkeit zu verschaffen.

Susann ist ganz aufgeregt, als sie zu Ruth kommt. „Mama, Mama, mein Playmobil ist weg. Ich habe sie so gern! Sie sind einfach weg!"

Erst zu Weihnachten hat sie das Playmobil bekommen, einen Kaufmannsladen mit Eisverkäuferin. Es ist eines der wenigen Geschenke, das Susann wertschätzen kann. Wir könnten uns vorstellen, dass sie sie mit zur Schule genommen hat und sie dort verschwunden sind – aber alles??

Wir haben eine Befürchtung. Wir rufen Jeannett. Bis sie kommt, dauert es lange. „Hast du Susanns Playmobilfiguren gesehen?", fragt Ruth vorsichtig. „Nööö", antwortet sie langgezogen, aber es klingt nicht richtig überzeugend. „Wir gehen jetzt gemeinsam in dein Zimmer und sehen nach", insistiert Ruth. Jeannetts Lippen werden schmal, die Augen klein. Sie gibt kein Wort von sich.

Oben angekommen, finden wir das gesamte Playmobil in einer Schublade. Aber Susann kann sich nicht freuen. Sie scheint tief enttäuscht, dass ihre Schwester ihr einfach ihre Spielsachen wegnimmt.

Wieder unten, finden wir Jeannett immer noch am Tisch, die Fäuste in ihr Gesicht gepresst. „Jeannett, kannst du uns das bitte erklären?", fragt Ruth.

Keine Antwort.

Susann bricht das Schweigen. „Jeannett, warum nimmst du mir meine schönsten Spielsachen weg?"

Keine Antwort. Woher soll sie das auch wissen.

Ich blicke Jeannett an, versuche vergeblich, ihren Blick zu erhaschen. „Weißt du, Jeannet", spreche ich sie leise an, „ich glaube nicht, das du böse bist oder gemein. Ich halte dich für sehr, sehr krank und ich sehe den Grund für deine Krankheit in darin, was du früher erlebt hast. Du brauchst keine Geheimnisse mehr zu hüten. Du brauchst keine Angst mehr zu haben. Aber du musst ehrlich sein, besonders zu deiner Schwester." „Dazu gehört auch", setzt Ruth fort, „dass man sich entschuldigt, wenn man etwas verkehrt gemacht hat oder jemanden verletzt hat."

Jeannett steht auf und geht wortlos in ihr Zimmer. Aber zum Abendessen erscheint sie wieder. Bevor wir beginnen, wendet sie sich an Susann. Wir sehen ihr an, dass es ihr sehr ernst ist und sie sich zu den Worten zwingen muss. „Susann, ich möchte mich bei dir entschuldigen. Was ich getan habe, war nicht richtig. Und was Papa gesagt hat, stimmt." Es klingt ehrlich. Susanns Gesicht entspannt sich, ein leichtes Lächeln huscht über ihre Züge. „In Ordnung, Jeannett."

Das Thema heißt mal wieder: Konkurrenz. Die Mädchen können es nicht ertragen, wenn sie etwas nicht haben, was die andere hat. Sie müssen es an sich bringen.

Aber deshalb ist es für sie auch ein Lernprozess. Sie müssen lernen, was es bedeutet, Eigentum zu haben, etwas, was niemand anderes besitzt. Es hilft ihnen, auch im Alltag zu differenzieren und zu tolerieren, dass andere mehr besitzen, aber auch, abzugeben.

Es ist traurig, dass vernachlässigte Kinder alles haben müssen, was andere haben. Sie sind nie zufrieden und befürchten ständig, zu kurz zu kommen. Wieder einmal erfahren wir, wie stark sich die frühkindliche Sozialisation auf das weitere Leben auswirkt. Unserer Beobachtung nach ist ihr Einfluss stärker als der Charakter eines Menschen.

Susann kämpft um unsere Liebe
Dürfen Pflegeeltern ihre Pflegekinder lieb haben? Dürfen sie zu ihnen ein emotionales Verhältnis aufbauen? Die Mitarbeiter der Jugendämter mögen das wohl für unprofessionell halten. Wie aber sollten sonst vernachlässigte Kinder lernen, wieder eine Bindung aufzubauen?

In manchen Fällen stellt sich diese Frage nicht, weil die Pflegekinder diese Entscheidung für sich treffen. Susann hat entschieden und uns ihre Entscheidung mitgeteilt und ihrerseits Liebe eingefordert. Susann hat das mit einem Brief getan, den sie mir zusteckt.

„Lieber Papa“, steht da, „ich habe dich ganz doll lieb. Hast du mich auch lieb? Wenn Mama mich nicht mehr lieb hat, dann kann sie es mir doch sagen. Du kannst den Brief auch Mama nochmal zeigen. Deine Susann.“

Nachdem herausgekommen ist, dass Susann Ruths Füller weggenommen und kaputt gemacht hat, befürchtet sie wohl, dass Ruth sie nicht mehr so akzeptiert wie früher. Das macht ihr zu schaffen. Mich benutzt sie dabei als Vermittler. Sie will eine Antwort.

Also warten wir auf eine günstige Situation, in der Susann entspannt und ruhig ist. Wir nehmen sie in den Arm. „Du weißt doch, dass wir dich lieb haben”, beginne ich. „Mama hat dich genauso lieb wie ich, auch wenn sie manchmal traurig und enttäuscht ist.” Wir halten uns drei ganz fest.

„Natürlich habe ich dich auch lieb”, versichert Ruth. „Was immer kommt, du weißt, dass wir uns gemeinsam für dich einsetzen und dir immer helfen.” Wie Ruth das sagt, kommt es aus vollem Herzen und es macht ebenso klar, dass sie und ich zusammen stehen. Eine Tatsache, mit der Susann noch klar kommen muss.

Susann löst sich langsam, weint einige Tränen des Glücks und setzt sich zu Ruth auf den Schoß. Das tut sie nicht oft. „Ich habe dich auch lieb”, sagt sie leise. Wie sie dort so sitzt, angeschmiegt an Ruth, sieht sie aus wie ein Baby, das sich die Zuwendung holt, die es braucht. Sie braucht uns als Familie und kann es doch manchmal kaum ertragen, so eng dazu zu gehören.

Es ist für uns nicht einfach für uns zu ertragen, wie schnell sich Susanns Zustand von einer Minute auf die andere ändert. Sie kämpft darum, mit allen Fehlern akzeptiert zu werden und ihre Verfehlungen tun ihr leid. Wir wissen aber: Innerhalb von Minuten kann sich die Situation ins Gegenteil verkehren, sobald wir Erwartungen an sie äußern, wie ihr Zimmer aufzuräumen. Auch für uns ist es eine ganz neue Erfahrung und gibt uns einen Einblick in die Konflikte, die in ihrem Inneren toben. Wir sind erwachsen und wir sind Profis; wir müssen es aushalten können.

Der Name an der Tür

Heute entdecken wir, dass Susanns Name an unsere gläserne Haustür geritzt ist. Es ergäbe keinen Sinn, wenn Jeannett Susanns Namen dort verewigt hätte. Wir sind überzeugt: Susann war es. „Ich war es nicht", beteuert sie. Es ist eine dieser dissoziativen Handlungen, derer sie sich nicht bewusst ist. Wie schlecht muss es Susann gehen, wie groß muss ihre Angst sein, uns verlassen zu müssen. Ist es ein dummer Streich oder ist es ein Hilferuf? Ich beschließe, dass wir alle verfügbaren Fachleute danach befragen werden. Noch morgen.

Wir befragen Frau Meyer-Frankenfeldt, Susanns Therapeutin, zuerst. „Es ist ganz wichtig, dass Sie nicht so betroffen sind", versucht sie, uns zu beschwichtigen, als wir ihr ihr von Susanns Ritzerei an der Haustür erzählen. Sie hat Nerven! Es ist ja nicht ihre Haustür. Es würde uns interessieren, was sie in diesem Fall sagen würde. Aber sie erklärt.

„Sie haben gelernt, was richtig und falsch ist. Die Mädchen haben so gut wie kein Über-Ich, keine moralische Instanz. Es ist ihnen nie vermittelt worden. Sie haben nur eine Möglichkeit: Thematisieren, Reden, Überzeugen. Vielleicht wäre es auch eine Variante, Jeannett für eine Weile weg zu geben, damit Sie wieder zu sich finden."

Das wollen wir überprüfen. Also rufen wir noch am selben Tag Frau Wehrmann an, unsere ehemalige Sachbearbeiterin. Mit Frau Schilling können wir so sensible Themen nicht besprechen. Uns fehlt das Vertrauen in ihre Empathie.

„Susann kämpft um sie", interpretiert sie unsere Schilderung der letzten Tage. „Sie will unbedingt bei Ihnen bleiben, aber sie kann es nicht ausdrücken. Deshalb startet sie alle möglichen unsinnigen Aktionen, um Sie auf die Probe zu stellen. Eigentlich will sie bloß ihre Aufmerksamkeit, sie will wissen, ob Sie wirklich bedingungslos zu ihr stehen."

„Vielleicht wäre es eine Variante, Jeannett für eine Weile wegzugeben?", deute ich an. „Das halte ich nicht für eine gute Idee", erwidert sie. „Das ist genau, was sie will, dann hätte sie ihr Ziel erreicht und sie hätte die Bestätigung dafür, dass sie unerwünscht ist." „Aber auch wir haben unsere Grenzen", wende ich ein.

„Ach, wissen Sie", räsonniert sie, "es gibt so viele Pflegeeltern mit den Problemen, wie sie sie haben. Ihr Erfolg steht und fällt mit der Frage, ob Sie sich Hilfe holen. Sie brauchen unbedingt eine Supervision. Das müssen Sie bei Ihrem zuständigen Jugendamt beantragen."

Wir sind uns dessen bewusst: Beantragung von Supervisionen werden von manchen Jugendämtern als Eingeständnis des eigenen Versagens interpretiert.

Haben uns die Ratschläge der Fachleute nun weiter geholfen? Sie haben ja Recht, sie sind auch guten Willens, aber sie können sich nicht richtig in unsere Situation hinein versetzen. Ich glaube, wir müssen die Kinder an dem Entwicklungsstand abholen, an dem sie stehen. Das heißt, wir müssen Susann als Vierjährige akzeptieren.

Das Ganze ist aber viel komplizierter. Susann versucht immer wieder, die Aufmerksamkeit auf sich zu lenken. Sie meint, wir kümmern uns zu häufig um Jeannett. Sie will uns für sich, einzig und allein. Und sie weiß, dass das nicht geht.

Wie auch immer wir es drehen und wenden: Es war verkehrt, die beiden in dieselbe Familie zu vermitteln. Nun sind bereits fast vier Jahre vergangen und die Zeit ist nicht zurückzudrehen. Beide haben bei uns ihre Heimat gefunden. Wir könnten uns vorstellen, dass eins der Mädchen in einer befreundeten Pflegefamilie aufgenommen wird und wir mit ihr in ständigem Kontakt bleiben würden. Aber das bedeutete einen erneuten Bindungsabbruch, ein neues Eingewöhnen. Am Wichtigsten: Das Jugendamt lässt sich auf solche Gedanken nicht ein. Bei einer Inobhutnahme, die das ja nun rechtlich bedeutete, wären wir ohne Einfluss. Das wäre das Letzte was wir wollten.

Die Angst vor der Trennung

Susann bringt heute eine Zeichnung mit von der Therapie. Sie schockiert uns alle. Auf der Vorderseite des Blattes, das an den Rändern gezackt eingeschnitten ist,sind links zwei erwachsene Personen zu sehen. Sie sind mit „Mama" und „Papa" überschrieben. „Mama" sagt in einer Sprechblase „Ha auf Wiedersehen" und „Papa" „Auf Wiedersehen". Die linke, kleinere Person mit traurigem Gesichtsausdruck ist „Susann" überschrieben. Sie weint und sagt „Auf Wiedersehen". Regen fällt, Blitze zucken. Auf der Rückseite ist eine jugendliche Person zu sehen, die Jeannett darstellt und sagt „HaHaHa auf Wiedersehen".

Susann hat sich schon immer mit Zeichnungen besser ausdrücken können als verbal. Aber die Aussagekraft dieser Zeichnung sprengt alles bisher Dagewesene und drückt die ganze Angst aus, die Susann umtreibt. Sie scheint zu meinen, dass sich alle außer mir in der Familie darüber freuen würden, wenn sie gehen würde. Susann kennt die Belastung, die sie für unsere Familie darstellt, aber sie kann so wenig dagegen tun. Zugleich spiegelt diese Zeichnung ihre ganze Angst wider, dass es einmal so weit kommen könnte.

Was machen wir falsch? Wir zeigen ihr doch nicht, dass sie bei uns unerwünscht ist. Sie ist es ja auch nicht. Aber Susann ist mit ihren Problemen wirklich eine Belastung für uns. Zugleich macht Susann klar, dass beide Mädchen um unsere Zuneigung und Aufmerksamkeit kämpfen und wie stark sie konkurrieren. Susann hat Angst, den Kampf zu verlieren.

Für uns bedeutet das, dass wir Susann noch mehr zeigen müssen, dass sie bei uns willkommen ist, dass sie sich auf uns verlassen kann und dass sie dazu gehört. Zugleich aber tut sie alles dafür, sich ins Abseits zu stellen. Wir haben keine Ahnung, wie das weiter gehen soll.

Der verpfuschte Geburtstag

Geburtstage sind für Pflegekinder von großer Wichtigkeit. Endlich stehen sie im Mittelpunkt und bekommen die Aufmerksamkeit, die sie sich immer wünschen. Denn in ihren Herkunftsfamilien waren Geburtstage nicht immer schön, es gab keine Geschenke oder der Anlass wurde ganz vergessen.

In unserer Familie gibt es zum Geburtstag einen Geburtstagstisch mit einigen Wunschgeschenken aber auch praktisch-schönen Dingen wie schön anzusehenden Kleidungsstücken oder fetzigen Stiften. Dann gehen wir zu Ehren des Geburtstagskindes in einen Wunschfilm oder etwas essen. Heute macht uns aber etwas die Geburtstagslaune kaputt. Ruth findet in Susanns Hosentasche jede Menge Kleingeld.

„Susann, wo ist das Geld her?", fragt sie sie. Susann senkt den Kopf. „Weiß ich nicht." „Du musst doch wissen, woher das Geld ist", insistiert Ruth.

Schweigen.

Wir nehmen uns Susanns Zimmer vor und werden fündig. Die kleine Dose, in der Ruth an der Waschmaschine das Kleingeld aus allen Hosentaschen sammelt, steht auf Susanns Schreibtisch, leer. Es ist eindeutig. Sie hat das Geld an sich genommen.

Wir beschließen, den Kinobesuch ausfallen zu lassen. Ruth ist sauer. Das können wir nicht einfach so ohne Folgen vorbei gehen lassen. Susann knallt die Tür zu ihrem Zimmer zu und vergräbt sich. Wenig später erscheint sie in der Küche und knallt uns einen Zettel auf den Tisch. Er ist groß, ein Teil einer Wundertüte.

„Jetzt könnt Ihr mir ja sagen, was wir gucken wollten", steht da in ungelenken Buchstaben. Unterzeichnet ist er mit „eure Scheiß-Kuh Susann".

Wir hatten aus dem Film eine Überraschung gemacht. Jetzt sind wir bestürzt über ihre Reaktion. Wir müssen einmal mehr erkennen, wie gering ihr Selbstbewusstsein ist. Sie fühlt sich schuldig.

Es dauert eine Stunde und Susann kommt in die Küche. Sie legt uns wortlos einen neuen Brief hin. „Ich wollte mich entschuldigen, weil ich geklaut habe", steht dort. „Es tut mir ganz, ganz, ganz doll leid. Ich wollte euch fragen, ob ihr die Entschuldigung annehmt?" An der Seite steht „Eure Tochter Susann".

„Setz dich mal hin", sagt Ruth leise. Jeannett ist nicht dabei, obwohl sie mit betroffen ist. Aber das geht nur uns drei etwas an.

„Wir finden es ganz toll, dass du dich entschuldigst", beginne ich. „Du hast eingesehen, dass du einen Fehler gemacht hast, oder?" Susann nickt mit gesenktem Kopf. „Wir nehmen deine Entschuldigung an, du bist ja unsere Tochter. Aber du musst auch einsehen, Susann, dass uns jetzt nicht mehr danach ist, ins Kino zu gehen", fahre ich fort. „Also freu dich an deinen Geschenken."

Nach einer Pause des Schweigens beginne ich erneut.

„Was lernst du daraus, Susann?" „Dass ich nicht klauen darf", sagt sie leise. „Und dass alles, was man tut und sagt, Folgen hat", ergänze ich. Susann nickt erneut. Wir umarmen uns zu dritt. Susann bleibt heute Abend in ihrem Zimmer. Der Abend vergeht ruhig.

Mir fällt auf, dass wir immer neue Formen finden, um mit solchen Situationen umzugehen. Wir wissen, dass Susann meist gar nichts mehr von dem weiß, was sie getan hat. Wenn sie dissoziiert, ist sie eine andere Persönlichkeit. Sie fällt zurück in ihr Verhalten aus der Zeit, als sie vernachlässigt und missbraucht wurde.

Aber dürfen wir sie deshalb nicht mehr auf ihr Handeln aufmerksam machen? Müssen wir alles ertragen? Ist es nicht eben gerade eine Form von Therapie, ihr ihr Fehlverhalten bewusst zu machen?

Geburtstagsnachfeier in Hameln

Wenn jemand an seinem Geburtstag krank ist oder er mitten in der Woche liegt, feiert man ihn nach. Und jeder, der das tut, befindet sich in der guten Gesellschaft der englischen Königin, die ihren Geburtstag, der mitten im Winter liegt, regelmäßig im Sommer nachfeiert. Warum also sollen wir Susanns Geburtstag, der so missglückt ist, nicht nachfeiern? Die Szenerie ist harmonisch. Wir fahren nach Hameln und treffen Ruths Familie. Schon im Auto sind Jeannett und Susann voller hoffnungsfroher Erwartung.

„Ich freu mich so", strahlt sie, „das ist viel besser als mein richtiger Geburtstag, wenn alle da sind, Oma, Tante Sarah und Tante Erika."

Als wir ankommen, gibt es erst einmal ein großes Abendessen mit allem, was wir aus Hameln kennen: Mettwurst, Hackepeter oder „Feuerwehrmarmelade", wie sie dort für die Kinder heißt, Schmalz und Knackwurst aus der Dose. Alle sitzen um den großen runden Tisch herum. Man erzählt sich die neuesten Geschichten aus der Familie, die Kinder hören gespannt zu. Dann folgt die große Bescherung für Susann. Oma hält für Susann einen unten Hula-Hupp-Reifen als Geschenk bereit. Susann probiert ihn sofort , als hätte sie vorher nie etwas anderes getan. Von Tante Erika, die trotz ihres hohen Alters noch fit ist, gibt es einen selbst gestrickten Pullover, von Tante Sarah eine neue Puppe, zu der Tante Erika aus den Wollresten ein paar Röckchen und Pullover gestrickt hat. Susann strahlt vor Freude.

„Wie soll denn nun dein Püppchen heißen?", fragt Tante Erika neugierig. Susann überlegt einen Moment. „Sie soll Sarah heißen", schießt es dann aus ihr heraus. Alle applaudieren anerkennend, selbst Jeannett, und Tante Sarah wird etwas rot im Gesicht.

„Ich bin schon müde", meldet sich Jeannett, „ich geh ins Bett." „Ich auch" stimmt Susann lächelnd zu, beide verabschieden sich brav und verschwinden auf den

Dachboden, wo sie, wenn es im Frühling schon warm ist und sie so gern nebeneinander auf den Matratzen schlafen.

Am nächsten Tag gibt es ein Frühstück für alle mit Schinken und Eiern. Die Mädels bekommen zur Feier des Tages einen großen Becher Kakao und er kann nachgefüllt werden. Auch Oma, der das Haus gehört, ist guter Dinge. Sie streift durch den Garten, genießt die Sonne und hat eine gute Idee.

„Wollen wir nicht mal grillen, so wie es Opa immer in der Laube gemacht hat?", fragt sie mich. „Ich habe da noch ein paar Würstchen und etwas Grillfleisch im Kühlschrank." Klar stimme ich zu. Als es auf Mittag zu geht, wird der Grill angeheizt, der in der offenen Laube steht. So wie es Opa immer machte, als er noch lebte. Ich bin stolz, seine Rolle übernehmen zu dürfen. Jeannett und Susann stehen dabei.

„Darf ich auch mal ein paar Würstchen wenden?", fragt sie mich. „Au ja, ich auch!", schaltet sich Susann ein. „Klar, Jeannett wendet die Würstchen und Susann die Fleischscheiben. Aber seid vorsichtig, es ist heiß."

Vorsichtig, aber ziemlich professionell tun sie ihre Arbeit und strahlen ob der Verantwortung, die sie übertragen bekommen haben. Nach kurzer Zeit beginnen sie gemeinsam damit, den Tisch in der Laube zu decken. Alle versammeln sich wieder und ich versorge sie mit dem Grillgut. Natürlich gibt es Pommes rot-weiß für die Kinder. Sie sind entzückt.

Nachmittags beschließen wir, die Frühlingssonne zu genießen. Wir schlendern in die Altstadt, wo das Denkmal des Rattenfängers steht und das alte Rathaus unsere Bewunderung auf sich zieht. Danach gehen wir an der Weser spazieren. Die Kinder tollen herum und freuen sich an der Sonne.

Wieder zu Hause, gibt es Kaffee und Kuchen. Es ist eine schöne, lockere Atmosphäre. Die Kinder gehen zur Pferdekoppel und vergnügen sich dort. Bald sind sie hier auch bekannt als die Kinder, die von weit her kommen und bei ihrer Oma zu Gast sind. Abends dürfen sie fernsehen, bis sie ins Bett gehen. Das ist immer etwas Besonderes, das zu Hause nicht so oft vorkommt. Der Rest der Familie unterhält sich angeregt, bis der Abend fortgeschritten ist und alle sich zur Ruhe begeben.

Am nächsten Tag nach dem Frühstück fahren wir heim.Wir verabschieden uns, die Kinder werden in den Arm genommen. Sie gehören zu unserer Familie. „Es war so schön!", freut sich Susann während der Fahrt. Auch Jeannett stimmt freudestrahlend zu. „Das Schönste finde ich, dass ich jetzt ein Kind habe. Sarah ist jetzt mein Kind." Und sie wiegt die Puppe in ihren Armen.

Wenn ich daran denke, was Susann schon durchgemacht hat, finde ich es erstaunlich, dass sie es schafft, ihrem "Ersatz"kind Liebe geben kann. Versucht sie etwas aufzuarbeiten und besser zu machen?

„Wisst ihr, was ich am Schönsten finde?", bemerke ich, während ich den Gang wechsle. „Ihr habt euch nicht einmal in Hameln gestritten." Beide lächeln, Jeannett nimmt ihre kleine Schwester in den Arm. Sie gehören zusammen und beide zu uns, das kann niemand bestreiten.

Die Reise nach Hameln hat uns näher zusammen gebracht. Es war Familie zum Anfassen, wie es sein sollte, jeder steht für den anderen ein. Harmonisch und ruhig. Familie kommt nicht vom Himmel gefallen oder ist genetisch bedingt. Zwar ist es die stärkste Bindung, die Menschen haben können, aber jeder macht mit seiner Familie die ersten Bindungserfahrungen. Wer in der Kindheit vernachlässigt oder missbraucht wird, hält das für die Normalität.

Für traumatisierte Kinder, die in eine Pflegefamilie kommen, ist Harmonie und Liebe erst einmal keine Normalität. Vielleicht macht es ihnen Angst und sie versuchen, die alte Situation zu provozieren. Es dauert Jahre, ehe sie die Situation begriffen haben und eine Bindung aufbauen; manchmal gelingt es ihnen nie.

Daran aber denken wir im Moment nicht. Wir freuen uns einfach an der Harmonie und genießen sie in vollen Zügen. Es war ein glückliches Wochenende.

Reisefertig?

Dass Kinder manchmal ihrer Familie den Rücken kehren wollen, ist bekannt. Dass sie dann eine Tasche und einen Rucksack packen, weiß auch jeder. Viele von uns haben es in ihrer Kindheit gemacht. Aber was wir finden, passt nicht zusammen.

Jeannet hat bei sich im Zimmer einen Rucksack mit kuriosen Dingen gepackt: eine leere Flasche Müllermilch, chinesische Essstäbchen, Susanns Bikini, Schminke und einen Lippenstift aus der Zeit unserer ältesten Pflegetochter Sigrid, Müll, ihr Spielzeugpferd und ein Marmeladenglas.

Sicherlich war der Rucksack nicht dafür gedacht, auszureißen. Aber der tiefere Sinn bleibt uns dennoch verschlossen. Auch Jeannett kann uns nicht erklären, was das soll. Also nehmen wir den Fund entspannt hin und bitten sie, die Sachen wieder an ihre ursprünglichen Orte zu bringen.

Der verflohte Kater

Kinder lieben Tiere. Sie wollen mit ihnen kuscheln sie mit sich herumtragen, sie füttern. Dafür gibt es Therapiehunde und Meerschweinchen. Aber nicht immer begreifen sie, dass mit den Tieren auch die Pflichten kommen.

Sigrid, unsere Große, die schon lange weit weg von uns ihr eigenes Leben führt, sind die Pflichten wohl auch etwas über den Kopf gewachsen. Sie will ihren Kater, den sie auf der Straße aufgesammelt hat, nicht länger behalten. Also gewähren wir ihm Asyl.

Toulouse ist ein rot getigerter Wildfang, der jagt, wann immer es geht und sich auch mal im Dreck wälzt. Als wir ihn bekommen, kratzt er uns die Tapeten von der Wand, er trinkt Rotwein und frißt Chips, wenn er beides erreichen kann. Außerdem ist er ständig mit Flöhen übersäht. Also hat er Hausverbot. Gefressen wird draußen. Jeannett fällt es schwer, das zu begreifen. Sie soll ihn nicht anfassen und ihn nicht ins Haus lassen. Aber heute morgen streicht da etwas durchs Haus. Die

Haustür ist offen. Es dauert nicht lange, da erscheint Jeannett mit dem Kater auf dem Arm. Ruth platzt schier vor Wut.

„Lasst doch den armen Kater, der will doch bloß kuscheln", trauert Jeannett. „Das kommt gar nicht in Frage, so lange er das Flohhalsband trägt und die Flöhe nicht weg sind!", herrscht Ruth sie an. „Bring ihn sofort nach draußen!" Also setzt Jeannett ihn draußen ab und schließt die Tür. Dann machen sich alle zur Schule und Arbeit fertig. Als letztes zündet Ruth im Haus ein paar Räucherbomben, die mit unbeschreibbarem Gestank die Flöhe töten sollen, die es sich bereits in unserem Haus gemütlich gemacht haben. Als wir wieder alle nach Hause kommen, wird das Haus zuerst einmal für eine Stunde richtig gelüftet. Niemand darf es betreten. Selbst dem Kater ist das nicht geheuer. Aber der Spuk ist bald vorbei.

Auch nachdem wir das Haus und den Kater von den Flöhen befreit haben, darf Toulouse nicht ins Haus. Es fällt Jeannett schwer, das zu akzeptieren, auch wenn wir ihr erklären, dass es dem Kater nicht schadet, draußen zu schlafen.

„Taschengelderhöhung?"

Pflegekinder bekommen Taschengeld. Darauf haben sie einen Anspruch, es steht ihnen zu. Und es ist im Gegensatz zu manch einer leiblichen Familie nahezu fürstlich. Aber Geld kann man nie genug haben. Zumal, wenn es leicht erreichbar ist.

Im Keller auf der Waschmaschine haben wir eine Dose, in der Ruth alles sammelt, was sich so in den schmutzigen Hosen befindet. (Schade, dass wir nicht in England leben, wo die Männer alles Geld in der Hosentasche tragen!) Da kommen schon mal zweistellige Beträge zusammen.

„Nico?" ruft Ruth aus dem Keller. „Warst du am Waschgeld?" Kann ja mal sein, dass man klamm mit Kleingeld ist. Aber ich nehme das Döschen eigentlich nie wahr. „Gestern habe ich Jeannett hier im Keller gesehen. Sie hat sich irgendwie schnell heimlich von dannen gemacht." Wir werfen uns vielsagende Blicke zu, zwei Menschen, ein Gedanke. Verdächtigen wir sie zu Unrecht? Nach dem Abendessen sprechen wir das Problem an.

„Jeannett, hat dein Taschengeld nicht gereicht?" Sie senkt den Kopf. Ich habe keine Lust, eine große Szene zu machen. Es nutzt auch gar nicht. Es reicht, dass sie weiß, dass sie entdeckt worden ist. „Also, bis nächsten Mittwoch ist das Geld wieder da." Sie nickt, noch immer mit gesenktem Kopf. Am nächsten Mittwoch liegt das Geld, zehn Euro, wirklich auf dem Tisch.

Früher hätte uns ein solches Ereignis den Glauben an die Welt genommen. Heute ist es Teil unseres Familienlebens.Wir reagieren nicht mit Belehrungen. Die Kinder wissen genau, was sie tun, aber wir glauben langsam, sie können nicht anders. Um so besser, wenn sie es wieder gutmachen.

Zu wenig zu essen?

Pflegekinder haben in frühester Kindheit manchmal gehungert. Ihre Eltern haben sie einfach vergessen oder ihnen überlassen, sich etwas zu essen zu organisieren.

Keine geregelten Mahlzeiten, nichts Besonderes. Es ist wahrscheinlich, dass unsere Kinder dazu gehörten.

Jeannett hat an einem Tag, wie wir entdecken, zwei Tüten mit Corn Flakes fast aufgegessen. Sie hat sie aus dem Vorratsschrank. Auf dem Schuhschrank im Flur finden wir etwas 250 g Butter, mit Zucker verrührt. So geht das die ganze Zeit.

Was uns auffällt, ist, dass die Kinder sich gar keine Mühe geben, vor uns zu verbergen, dass sie unsere Vorräte plündern. Es ist ein klares Signal an uns: Das sind wir so gewöhnt. Schimpft nicht mit uns, wir begreifen eh nicht, dass wir etwas falsch gemacht haben. Wir kennen es so und nie hat jemand uns gesagt, dass das nicht ok ist.

Welche Hilfe ist richtig?

Nicht nur Pflegeeltern, auch leibliche Eltern brauchen manchmal Hilfe dabei, mit den Alltagsproblemen in der Erziehung. Pflegeeltern traumatisierter Kinder sind ständig auf der Suche nach angemessener Hilfe, denn die seelischen Verletzungen, die die Kinder mitbringen, machen das Zusammenleben sehr schwierig. Das Jugendamt ist hier in der Pflicht.

Seit einiger Zeit wissen wir durch Seminare, Recherchen und Kontakten zu Therapeuten, dass für unsere Kinder eine Traumatherapie unter Einbindung der EMDR-Methode die richtige wäre. Mehrmals haben wir unsere Sachbearbeiterin beim Jugendamt, Frau Schilling, darauf hingewiesen und verlangt, dass eine solche Therapie finanziell ausgestattet wird. „Das kann ich nicht beurteilen", war ihre Stellungnahme, „und eine solche Therapie gehört auch nicht zu den Angeboten unseres Amtes. Wir haben aber eine sehr effektive Erziehungsberatung und ich würde Ihnen dringend raten, diese aufzusuchen."

Ja, das kennen wir schon. Das Jugendamt hat eine bestimmte Anzahl von Hilfsangeboten, die sicher stellen, dass bei Hilfebedarf darauf verwiesen werden kann. Diese Angebote sind nicht individuell für den Hilfebedarf ausgelegt und deshalb in den meisten Fällen ineffektiv. Wir wissen auch, dass man solche Angebote nicht ungestraft ablehnen darf, um nicht als unkooperativ zu gelten.

Also machen wir einen Termin mit dem Träger der Erziehungshilfe. Als wir ankommen, ist die Sekretärin erstaunt. „Ich habe hier keinen Termin für sie notiert und der Herr Doktor ist auch gar nicht da." Da fahren wir eine halbe Stunde, haben Jeannett dazu überredet, mitzukommen, und nun das.

Die Sekretärin telefoniert mit ihrem Boss. „Herr Doktor ist heute in Neuenkirchen und da haben Sie auch den Termin." Unfassbar. Wir haben uns eindeutig notiert, dass der Termin hier stattfindet. „Dann müssen wir einen neuen Termin machen, so in zwei Monaten."

Diese Stellen scheinen nicht zu begreifen, dass es bei uns brennt. Die Wörter „Trauma", „Übertragung" und „Dissoziation" kommen in ihrem Wortschatz nicht vor. Eine ungeeignete Hilfe, unprofessionell organisiert, das ist mein Eindruck.

Am nächsten Tag treffen wir uns beim Jugendamt mit Frau Schilling, die sich als Unterstützung ihre Vorgesetzte mitgenommen hat. Wir haben Eileen vom Pflegeelternverband als Beistand dabei.

„Waren Sie bei Dr. Stein?", will Frau Schilling wissen. „Ja", antworte ich, „aber leider ist diese Institution nicht einmal dazu in der Lage, ihre Termine zu koordinieren. Der nächste Termin könnte in zwei Monaten stattfinden. Das ist für uns völlig indiskutabel." „Außerdem", unterstützt uns Eileen, „ ist diese Form der Hilfe doch alles andere als angebracht. Hier geht es nicht um eine Hilfe für die Pflegeeltern, der Grund liegt in der Traumatisierung der Kinder. Hier muss angesetzt werden. Und deshalb ist eine Traumatherapie für beide Kinder genau das Richtige." Die beiden Amtspersonen werfen sich hilflose Blicke zu, die sagen: Mein Gott, was wollen die denn! Wir tun doch alles, was möglich ist.

Frau Schilling ergreift das Wort. „Woher sollen wir wissen, ob diese Therapie, die Sie vorschlagen, die richtige ist? Wir sind keine Fachleute!"

Ich fasse es nicht. Wir haben den Eindruck, dass sie uns nicht verstehen wollen. Aber Eileen bleibt erstaunlich ruhig. „Warum versuchen wir es nicht einmal? Wenn den Kindern damit geholfen wird, ist es doch genau, was wir wollen. Und dass die Kinder einen Therapiebedarf haben, ist doch wohl unbestritten."

Frau Schilling nimmt jetzt eine andere Wendung, schiebt uns die Verantwortung zu. „Haben Sie denn schon einen Therapeuten?" „Wie soll das gehen?", frage ich. „Wir werden keinen Therapeuten suchen, so lange die finanzielle Frage nicht geklärt ist und wir von Ihnen keine schriftliche Zusage haben und die Hilfe nicht in einem Hilfeplan festgelegt ist."

„Die Jugendhilfe wird für eine Spezialtherapie nicht aufkommen", mischt sich die Leiterin ein. „Da müssen Sie vorher einen Antrag auf Kostenübernahme durch die Krankenkasse prüfen lassen. Im Ablehnungsfalle können Sie einen Antrag auf Übernahme durch die Jugendhilfe stellen." „Traumatherapeuten" erklärt Eileen ruhig, „rechnen nicht über Krankenkassen ab, sondern privat."

„Dann können wir das sowieso nicht genehmigen", erklärt Frau Schilling bestimmt und mit versteinertem Gesicht. „Aber sind wir uns wenigstens darin einig, dass ein therapeutischer Bedarf bei den Kindern besteht und dass eine Erziehungsberatung nicht geeignet ist?", will Eileen wissen. „Wir können das nicht beurteilen", wiederholt sich Frau Schilling, „Aber Sie können sich ja informieren und dann einen Antrag stellen."

Wir haben nichts erreicht in diesem Gespräch. Wir bekommen nicht die Hilfe, die angemessen wäre. Das Jugendamt hält eine Reihe von Hilfen vor, die es je nach Bedarf einsetzt und zu billigen Preisen pauschal von freien Trägern einkauft. Alles darüber hinaus wird nicht genehmigt. Der Schwarze Peter liegt nun wieder bei uns.

Toben und Kuscheln

Pflegeeltern traumatisierter Kinder müssen ständig auf alles gefasst sein. Eine Achterbahnfahrt ist ein harmloses Ereignis gegen das Leben mit ihnen. Heute ist so ein Tag.

Ruth hat sich frei genommen, um sich mit einer Freundin zu treffen. Der Abend gehört nur den Mädels und mir. Eigentlich hatte ich vor, es uns so richtig gemütlich zu machen an diesem lauen Sommerabend. Aber es kommt anders. Susann hat Berge von Müll unter ihrem Bett gesammelt. „Sammle doch wenigstens das Papier raus und tu es in die Papiermülltonne", bitte ich sie recht höflich. „Ich denke nicht dran, warum immer ich!", tobt sie. „Ich will nicht immer machen müssen, was du mir sagst!" Die Tür fliegt zu. Es ist still.

Zum Abendessen erscheint Susann. „Susann, ich bin jetzt sauer auf dich", gebe ich ihr ruhig, aber bestimmt zu verstehen. „Ich mache dir jetzt ein Brot und einen Früchtetee und du kannst hier am Küchentisch essen." Jeannett und ich essen auf der Terrasse.

Als wir fertig sind, kommt Susann heraus und kuschelt sich an mich. „Papa, ich bin so traurig. In der Schule sind alle so böse mit mir. Sie nennen mich Susiseuche. Bin ich wirklich so anders als die?" „Du bist anders als alle anderen", versuche ich ihr zu erklären. „Schau, jeder Mensch ist etwas ganz Besonderes. Auch du bist etwas ganz Besonderes. Du liebst es, deine Haare im Wind wehen zu lassen, du bist ganz gefühlvoll und eigentlich möchtest du mit keinem Streit haben. Aber dann siehst du, wie eine Freundin von anderen mies behandelt wird und du möchtest ihr helfen. Das ist auch richtig. Aber dafür lieben dich die anderen nicht. Sie sind feige und fühlen sich nur in ihrer Gruppe stark. Deshalb sagen sie solche gemeinen Sachen."

„Ja, aber was kann ich denn dagegen machen? Manchmal denke ich, ich müsste sie einfach verdreschen.", erwidert sie. „Susann, nicht alle Menschen sind lieb und freundlich. Das ist auch bei Erwachsenen so, die können auch ganz schön gemein sein. „Ich weiß", sagt sie traurig, „meine richtige Mama und Papa waren auch oft ganz schön gemein zueinander. Ich habe dann immer Angst bekommen und wollte am liebsten weg."

„Siehst du, und bei Kindern ist es dasselbe", fahre ich fort. „Es ist nicht schön, und ich weiß, dass dich so etwas an deine Familie erinnert. Such dir die Kinder aus, die zu dir halten und tut euch zusammen gegen die, die dich nicht leiden können."

„Ja, das mache ich", strahlt sie. „Ich weiß auch schon, mit wem ich mich verstehe." „Na siehst du, und nun geh ins Bett, es ist schon spät", beschließe ich die Situation. „Und denk immer dran, dass es viele Menschen gibt, die dich so lieb haben, wie du bist. Mama, ich, Tante Sarah, Oma, all diese Menschen haben dich sehr gern." „Bringst du mich noch ins Bett?", fragt sie leise, als wollte sie sagen, eigentlich bin ich dafür ja schon zu alt.

Klar, bringe ich sie ins Bett und singe ihr nach dem Zähneputzen noch zwei Lieder zur Gitarre. Sie ist glücklich und schläft sanft ein.

Mobbing auf der Klassenfahrt

Klassenfahrten sollen die Schüler zusammen bringen, Gemeinschaft stiften, bleibende Erlebnisse sein. Normalerweise verlaufen sie harmonisch und die Schüler erinnern sich gern. Manchmal führen sie aber auch geradewegs dazu, dass die Unterschiede zwischen den Klassenkameraden zementiert werden und ein oder zwei Schüler alles durcheinander bringen.

Auf Susanns Klassenfahrt ist wohl alles daneben gelaufen. Sie hat einen Bluterguss am linken Arm und Wunden an Nase und Oberlippe. So könnte es sich zugetragen haben:

Susann teilt mit weiteren vier Mädchen ein Zimmer. Mit einer ist sie eng befreundet. Eine wird durch die Lehrerin in das Zimmer gelegt. Sie ist sauer. Die anderen beiden sind auf Krawall gebürstet.

„Du alte Schlampe, du Susannseuche!", brüllt Nicole. Susann geht auf Nicole los. Nicole wirft sie zu Boden. „Warte, ich zeig´s dir", schreit Nicole. Sie tritt Susann mit dem Schuh ins Gesicht. Susann flüchtet in ein anderes Zimmer. Dort bleibt sie erst einmal, die anderen gewähren ihr Unterschlupf. Da tobt eine Horde durchs Haus. Fünf Jungen und vier Mädchen dringen in Susanns Zimmer ein.

„Du Schlampe, du hast mir mein Geld gestohlen!", brüllt einer der Jungen. Aber Susann ist nicht da. Sie kommt dazu, sieht, was los ist und rennt wieder nach oben. Die anderen verfolgen sie. Dort bekommt sie Schutz. Die Tür wird zugehalten. „Du bist ein ekelhaftes Heimkind", schimpft die Horde, „keiner will mit dir was zu tun haben, Susannseuche. Wart´s ab, bis wir dich kriegen, du Diebin!"

Endlich erscheint eine der Lehrerinnen. „Ab in eure Zimmer!", befiehlt sie. „Es ist Mittagspause, da wird Ruhe gehalten!" Auch Susann geht in ihr Zimmer. Sie bekommt keine Unterstützung, die sie von der Lehrerin so nötig bräuchte. Zum Glück ist es der letzte Tag.

Klassenfahrten bedeutet für Lehrer 24 Stunden am Tag Dienst, immer mit einem Bein im Gefängnis. Dennoch hätte ich erwartet, dass sie Aufsicht führen und darauf achten, dass es zu keinen Gewaltexzessen kommt. Sie sollten die Schwachen integrieren und die Starken in ihre Grenzen verweisen.

Griechische Lebensart tut gut

Flug in den Süden

Pflegekinder sind selten verreist. Sie haben vielleicht einmal ein paar Tage mit der Heimgruppe an der Nord- oder Ostsee verbracht, aber in der Herkunftsfamilie war Urlaub meist nicht drin. Deshalb ist es immer ein Erlebnis, wenn Pflegekinder mit ihren Pflegeeltern verreisen. Auch wenn unsere beiden Mädel daran gewöhnt sind, mit dem Auto in Deutschland herumzufahren: Was jetzt ansteht, ist außergewöhnlich.

Schon Tage lang wurden Kleidungsstücke gewaschen und beiseite gelegt. Dann wurden die Koffer gepackt mit leichten Tops und T-Shirts und kurzen Hosen. Keiner der Koffer durfte mehr als 20 Kilo wiegen. Wir bereiten uns auf unsere erste Flugreise vor; das Ziel ist Zypern, die Insel im Mittelmeer zwischen Türkei und Griechenland.

Endlich ist es so weit. Wir schließen die Tür ab und schaffen unser Gepäck zur Bahn. Von dort aus ist es eine Stunde bis zum Flughafen. Die Kinder platzen schier vor Nervosität und Neugier. Nach der Ankunft endlose Rolltreppen, die zum Abfertigungsgebäude führen. Schließlich stehen wir am Abfertigungsschalter. Unser Flug ist bereits aufgerufen.

„Es ist alles so groß hier", staunt Jeannett, „aber es stinkt. Was stinkt hier so?" „Das ist das Flugzeugbenzin", erkläre ich ihr. „Später im Flugzeug wirst du nichts mehr davon merken."

Schließlich sind wir dran. Ich präsentiere die Ausweise und die Flugscheine. Die Dame an der Abfertigung schenkt uns ein Lächeln. Wir tun das Gepäck auf die Waage, von wo aus es verschwindet. Susann ist beunruhigt. „Was passiert jetzt mit unseren Koffern?", fragt sie besorgt. „Die werden jetzt ins Flugzeug geladen, damit ihr sie nicht zu tragen braucht", erklärt ihr lächelnd die Check-In-Angestellte. „Wenn ihr in Zypern ankommt, bekommt ihr sie auf dem Flughafen wieder." Susann ist beruhigt. Sie lächelt. „Das erste Mal?", erkundigt sie sich bei mir. Ich nicke. „Na dann, guten Flug und viel Spaß! Ihr Flug geht von Flugsteig acht."

Wir bewegen uns auf die Sicherheitskontrolle zu und sind gleich dran. Ruth und ich legen unsere Taschen auf das Transportband, das durch den Durchleuchtungsapparat führt. „Müssen wir unsere Rucksäcke auch da drauf legen?", fragt Jeannet. „Klar", erwidert der Sicherheitsangestellte kurz. Wir lassen die Kinder zuerst durch die Sicherheitskontrolle. Sie stehen mit großen Augen vor dem Bildschirm, der den Inhalt ihrer Rucksäcke zeigt. „Sieh bloß, Jeannett", staunt Susann, „Man kann alles in meinem Rucksack sehen! Das Buch, meinen Kamm und sogar mein Kuscheltier!" „Warum machen die das?", fragt Jeannett. „Sie sehen ja alles, was ich mitnehme." „Ja, Jeannett, das muss sein", erkläre ich ihr. „Es könnte ja sein, dass jemand etwas mitnimmt und andere damit bedrohen will." „So was wie eine Pistole?" „Genau. Und das ist in einem Flugzeug natürlich gefährlich. Aber es passiert nur ganz selten."

Während wir im Warteraum sitzen, erkunden die Kinder die Geschäfte und stehen an den Fenstern. Gebannt schauen sie den startenden, landenden und rollenden Flugzeugen zu. Dann ist es so weit. Der Flug wird aufgerufen. Alle Passagiere gehen zum Flugsteig. Die Bordkarten werden kontrolliert, wir laufen durch die angedockte Röhre zum Flugzeug. Die Stewardess begrüßt uns mit einem Lächeln. Wir finden unsere Plätze. Die Kinder sitzen am Fenster. Leise Musik erschallt aus den Lautsprechern. Schließlich sitzen alle Passagiere und die Türen werden geschlossen.

„Ihr müsst euch jetzt anschnallen", erkläre ich den Mädchen. „Da sind die Gurte, die klickt man über dem Bauch zusammen." „Ich will mich aber nicht anschnallen!", protestiert da Susann. „Ich will rumlaufen und mir alles ansehen!" Schon hat sie ihren Gurt geöffnet, als die Flugbegleiterin mit freundlichem Blick die angelegten Belts kontrolliert. „Machst du bitte deinen Gurt wieder zu", sagt sie ihr freundlich, aber bestimmt. „Wenn wir starten, kannst du dich verletzen, wenn du nicht angeschnallt bist. Schau, alle Leute haben ihre Gurte zu."

Susann schaut missmutig, aber sie tut, was man ihr sagt. Die Triebwerke heulen auf, die Maschine bewegt sich zur Startbahn und hebt mit rasendem Tempo ab. Susann versinkt in ihrem Sitz, während Jeannett aufrecht sitzend aus ihrem Fenster schaut. Sie ist gebannt. Wir haben Glück, es ist ein wolkenloser Herbsttag.

„Seht doch nur, wie wir über die Häuser fliegen! Jetzt da, der Hafen und die vielen, kleinen Schiffe! Die Autos sehen wie Spielzeug aus!" Susann reckt sich ein bisschen und blickt auch aus dem Fenster. Es scheint ihr nicht ganz geheuer.

Dann kommt die Servicemannschaft mit Saft und einem Frühstück herum. Beide Kinder essen mit Appetit. Dann vertieft sich Susann in ein Buch, während Jeannett noch immer gebannt aus dem Fenster schaut, jedes vorbei fliegende Flugzeug begrüßt und versucht, festzustellen, wo wir uns gerade befinden.

Nach dreieinhalb Stunden befinden wir uns auf dem Anflug auf Larnaca. Jeannett gerät in Verzückung. „Da, die ganzen weißen Häuser! Und das Meer, es ist so blau! Und der weiße Strand!"

Der Flieger legt sich in die Kurve, nimmt Kurs auf die Landebahn und Mutter Erde hat uns wieder. Wir verlassen das Flugzeug und schreiten endlose Gänge entlang zum Gepäckband. Die Kinder begutachten jedes einzelne Gepäckstück.

„Es ist immer noch nicht unseres. Aber da, jetzt ist er durch die Klappe gekommen! Ich will ihn vom Band nehmen!" Da muss ich wohl etwas helfend eingreifen… Aber bald haben wir alle unsere Koffer zusammen und laden sie auf die Trolleys. Dann verlassen wir den bewachten Bereich durch eine automatische Tür. Die Mitarbeiterin des Reiseunternehmens begrüßt uns und geleitet uns zu einem Kleinbus, der uns ins Hotel bringt. Es ist heiß für einen Herbsttag. Im Hotel angekommen, beziehen wir unsere Zimmer. Kaum lohnt es sich, die Koffer auszupacken. Drei Tage werden wir hier im Osten der Insel verbringen und ihn mit einem Mietwagen erkunden.

„Papa, was ist das für eine Sprache, die die Leute hier sprechen?", erkundigt sich Jeannett bei mir. „Sie sprechen etwas Englisch, das habe ich verstanden, aber was ist das andere?" „Die Leute hier sprechen griechisch, weil Zypern mal zu Griechenland gehört hat", erkläre ich. „Es ist eine sehr schöne Sprache." „Ja, die Buchstaben habe ich wiedererkannt", freut sich Jeannett, „Die sind genau wie die in dem griechischen Restaurant, wo wir manchmal essen. Kannst du sie lesen?" „Nur die Großbuchstaben", gebe ich zu, „die anderen sind mir auch zu schwierig."

„Was heißt 'bitte' auf griechisch?", will Jeannett nun wissen. „'Parakaló' ", übersetze ich. „'Parakaló', 'Parakaló', 'Parakaló' “, übt Jeannett fleißig. „Und was heißt 'danke'?”, erkundigt sich Susann. „'Ef charistó' “, ist meine Antwort. „'Ef charistó', 'Ef charistó', 'Ef charistó' ” intonieren beide nun gemeinsam.

Abends schlendern wir vier noch zum Hafen und essen typisch griechisch. Die Mädchen nehmen ein Suvlaki und ein Gyros, wie zu Hause. Ruth und ich lassen es uns mit einer Fisch-Meze und einer Flasche Himiglikos gut gehen. Wir sind gut angekommen.

Zugegebenermaßen: Unsere beiden Mädel haben sich gut geschlagen. So viele neue Eindrücke, der Klimaunterschied. Sie saugen all die Eindrücke begierig auf. Es ist ein Erlebnis, dass sie nicht kennen, das sie nicht einschätzen können. Es hätte schlimmer kommen können: Das Anschnallen im Flugzeug, die Leibesvisitation am Flughafen, all das hätte zu Abwehrhaltungen und Erinnerungen an frühere traumatisierende Situationen wecken können. Aber die positiven Eindrücke waren zu stark, die stressfreie Atmosphäre zu voll von Leichtigkeit des Seins, als dass sie auf trübe Gedanken kommen könnten.

Tour durch den Osten

Fremde Situationen erschrecken Pflegekinder manchmal. Sie brauchen die Beständigkeit des Alltags und der Umgebung. Alles Fremde kann sie ängstigen. Deshalb gehen wir es behutsam an und geben ihnen besonders viel Aufmerksamkeit und Verständnis in diesem für sie neuen Land.

Am Morgen steht das Mietauto vor dem Hotel. Der Himmel ist blau, es ist schon jetzt angenehm warm. Also beschließen wir, eine Tour zu unternehmen. Wir fahren in den Osten Zyperns. Der erste Ort ist Agia Napa. Hotelburgen säumen den Strand. Wir suchen uns einen Parkplatz und finden endlich einen Zugang zum Meer. Nachdem wir im Mittelmeer gebadet haben, setzen wir uns in den Sand. Ein älteres Ehepaar spricht uns von den Liegen aus, auf denen sie sich eingerichtet haben, an.

„Sind Sie gerade erst angekommen? Wir haben Sie noch gar nicht im Hotel gesehen”, erkundigt sich der Herr in der etwas altmodischen Badehose neugierig. „Nein, wir wohnen hier nicht im Hotel”, erwidere ich etwas peinlich berührt. „Wir wollen noch weiter nach Osten und dann nach Norden an die Green Line.”

Die beiden alten Leute blicken verdutzt, aber Jeannett kommt ihnen zuvor. „Papa, was ist das, eine Green Line?” „Weißt du, das ist eine Grenze. Man hat sie festgelegt, nachdem es hier im Land Krieg gab und man die Menschen, die gegen einander gekämpft haben, trennen musste, damit sie nicht wieder gegen einander kämpfen.” „Was, hier gab es mal Krieg?” fragt der ältere Herr ungläubig. Er hat wohl damals die Nachrichten verpasst, als 1974 Griechenand Zypern annektieren wollte und die Türkei ihre Armee schickte, angeblich, um den türkischen Teil der Bevölkerung zu schützen. Damit gründeten sie gleich einen neuen, im Rest der Welt nicht anerkannten Staat, die Demokratische Republik Zypern.

Nach einiger Zeit fahren wir weiter Richtung Osten. Die Landschaft wird gebirgiger, kaum ein Dorf gibt es noch. Hinter dem Dorf Dherinia treffen wir auf die Green Line. Ein Stacheldrahtzaun versperrt den Weg in den türkischen Teil. Wir parken den Wagen auf dem Hügel und steigen aus. Vor uns liegt Famagusta, der ehemalige weltberühmte Badeort, brodelnd und quirlig in den sechziger und Anfang der Siebziger Jahre. Ein Bild des Schreckens bietet sich uns. Hotelbauten, die verfallen und nicht mehr genutzt werden, kaum Autos und Menschen in den Straßen.

„Papa, warum können wir da nicht hin?", fragt Susann mit traurigem Gesichtsausdruck. „Weil hier diese Grenze ist und niemand sie überqueren darf", versuche ich zu erklären. „Das ist aber doof", urteilt Susann. Und Jeannett fragt „Und warum stehen da so viele kaputte Häuser?" „Hier war Krieg", erfährt Jeannett von mir, „Krieg bedeutet, dass Menschen mit Gewehren und Panzern kämpfen gegen andere Menschen. Dabei gehen viele Sachen kaputt, wie eben die Häuser da drüben." „Aber warum machen die so was?", will Jeannett nun wissen.

Was für eine Frage! Die ganze Welt steckt darin. Was soll ich anderes antworten als „Ich weiß nicht, warum."

Genau kann ich mich noch an die Fernsehbilder in Schwarz-Weiß erinnern, die über die Bildschirme flackerten, als ich kaum älter als zehn war. Die Soldaten im Straßenkampf in einer ehemals blühenden Stadt. Niemand hat es richtig verstanden. Dann, als Famagusta türkisch wurde und nicht mehr Amaxostos, sondern Magosa hieß und nur noch von der Türkei aus erreichbar war, waren die Hotels zerstört und die Touristen weg. Eine Schande.

In unserem Hotel in Larnaca angekommen, sind die Kinder wieder fröhlich. Aber sie haben gesehen, was Krieg zerstören kann. Wir schlendern noch etwas an der Strandpromenade entlang und begeben uns dann zur Ruhe.

Nikosia, die Geteilte

Pflegekinder sollen die Welt sehen. Aber sollen sie die Welt auch so sehen, wie sie ist? Nicht nur die Strände, Glanz und Glamour? Auch die Wunden, die diese Welt zu bieten hat? Schließlich hat unsere Generation an einer solchen Narbe dreißig Jahre lang gewohnt, wir konnten Weltgeschichte in Berlin hautnah betrachten und erfahren, wenn wir zu Besuch waren.

Also beschließen wir, in den Norden zu fahren, so weit es eben geht, nach Nicosia. Die südliche Hälfte ist quirlig, mit Basaren und Tavernen. Aber je weiter wir in den Norden kommen, desto stiller wird es. Kleine, ruhige Gässchen, die zum UN-Kontrollpunkt führen. Auf den Dächern aufgepflanzte Maschinengewehre. Tausend Augenpaare folgen uns. Dann öffnet sich die Gasse zur Straße. Wir sehen das große Hotel, in dem die UNO residiert. Die Straße ist von Stacheldraht umgeben. Trotz der gruseligen Atmosphäre ist das wohl der sicherste Platz auf Zypern. Die Kinder sehen sich um, als seien sie in einem Film. Langsam schlendern wir zum griechischen Polizeiposten.

“We would like to enter the Turkish part of Nicosia”, gebe ich dem Polizisten unsere Absicht kund, in den nördlichen Teil einzureisen. “You can try”, antwortet der, mit gleichgültigem Gesichtsausdruck, “but they don´t work. They never work. But they like children.” Merkwürdige Auskunft. Was ist wohl damit gemeint?

Einige Schritte enfernt befindet sich ein weiteres Wachhäuschen. Die Fahne der so genannten „Türkischen Republik Nord-Zypern” weht. Wir probieren es. Wir tun nichts Unerlaubtes. Wenn wir irgendwo sicher sind, dann hier auf dem Gelände der UNO.

An der Hütte angekommen, finden wir einen freundlichen, älteren Herrn in Zivil vor. “Welcome to the Turkish Republic of North Cyprus”, begrüßt er uns. “We would like to have a look at Northern Nicosia”, erkläre ich ihm.

Er lächelt die beiden Kinder an. Sie lächeln zurück.

“Sorry, but it is not possible”, spicht er mit dem Ausdruck des Bedauerns in seiner Stimme. “It´s the last day of Ramadan today, and a festive day. Noone is working. Please return any time, it´s worth it.” Soviel für unseren Besuch in Nord-Nicosia.

Auf dem Rückweg grinst uns der griechische Polizist an. “I told you they would not admit you.”

„Papa, warum durften wir da nicht durch?”, fragt Susann traurig. „Susann, mein Schatz, dies ist eine Grenze. Jeder Staat darf darüber entscheiden, ob er Menschen hineinlässt. Dort haben die Leute heute einen Feiertag, sie arbeiten nicht. Also durften wir nicht über die Grenze.” Susann blickt enttäuscht. „Warum gibt es Grenzen?” „Damit Menschen voneinander getrennt werden und die Regierungen Krieg führen können. Es gibt immer böse Menschen, die am Krieg verdienen wollen, zum Beispiel die die Waffen herstellen und verkaufen. Und die Menschen müssen darunter leiden.” „Und wer kämpft mit den Waffen?” „Das sind die Soldaten, die gegeneinander kämpfen. Sie werden dafür bezahlt, von den Regierungen. Sie wissen genau, dass sie im Krieg sterben können.” „Kann das bei uns in Deutschland auch passieren?”, fragt Jeannett besorgt. „Jetzt gerade nicht”, antworte ich. „Aber es gab auch bei uns eine Zeit, als Krieg war. Ich habe noch die Ruinen der Häuser gesehen, die übrig geblieben sind. Zum Glück leben wir schon sehr lange im Frieden und wir wünschen uns alle, dass es noch lange so bleibt.” „Das wünsche ich mir auch”, erwidert Susann.

Nachdenklich gehen wir zum Auto zurück. Die Fahrt nach Larnaca verläuft ruhig. Noch ein Spaziergang an der Strandpromenade und wir gehen alle ins Bett.

Im Nachhinein stellt sich für uns die Frage: Sollten wir unsere Kinder mit der Grausamkeit dieser Welt konfrontieren? Soll man über Krieg und Frieden sprechen? Beunruhigt man sie damit nicht?

Unsere Antwort ist ein klares Ja. Es hilft nichts, sie vor der Grausamkeit der Welt schützen zu wollen. Sie wissen, was Gewalt ist, weil sie sie selbst erfahren haben.

Sie können es einschätzen und haben einen klaren Standpunkt dazu. Ehrlichkeit ist noch immer der beste Lehrmeister. Irgendwann werden sie in der Schule eh damit konfrontiert.

Gut essen, viel Sirtaki

Pflegeeltern sollten ihren Pflegekindern so viel von der Welt zeigen, wie möglich. Sie sollen verstehen, dass es viele Völker und Sprachen gibt, die alle unterschiedlich sind, aber trotzdem nicht feindlich. Sie sollen merken, dass es ihnen gut gehen kann, viel besser als in der Herkunftsfamilie. Sie sollen ihre grausamen Erfahrungen in ihrer Kindheit vergleichen können mit einer Welt, die Schönheit und Harmonie bietet.

Heute Morgen steigen wir in den Mietwagen und fahren auf der Autobahn nach Westen. Bis nach Limassol säumen Fabriken und Industrie den Weg durch die Ebene. Auch Limassol interessiert uns nicht besonders. Dann geht es weiter am Rande des Troodos-Gebirges entlang bis nach Paphos, der Stadt mit historischem Stadtkern und dem Bezirk der Touristenhotels. Er erstreckt sich vom Strand bis an die Felsen , auf denen die Altstadt erbaut ist.

Wir beabsichtigen, eine Nacht im Hotel zu verbringen, bevor wir weiter in den Nordwesten fahren. Aber in der Herbstzeit sind fast alle Hotels und Restaurants zwischen Strand und Altstadt geschlossen. Wir haben Glück und bekommen am frühen Nachmittag ein preiswertes Hotelzimmer. Nachdem wir uns eingerichtet haben, ist das Bad im Mittelmeer ein Muss. Es ist warm und sonnig. Wir alle genießen das Nichtstun. Alle trüben Gedanken sind wie weggeblasen.

Abends nehmen wir den Bus, griechisch ‘leoforio’ genannt, in die Altstadt. Ich spüre nach einer Taverne, die so ganz anders ist als die Restaurants, die die Touristen anlocken. In einer Seitenstraße finde ich so eine Lokalität. Durch große Fensterscheiben erkenne ich, dass sich hier viele Einheimische aufhalten. Als wir eintreten, bietet sich das typische Bild: Kleine eckige Tische, eine Papiertischdecke, mit einem Gummiband unten zusammengehalten, mit Brotkrümeln übersät. Kaum haben wir einen Tisch ausgesucht, kommt der Wirt und begrüßt uns herzlich. Er wechselt die Decke, legt eine neue auf. Dann lädt er uns mit einem freundlichen “Come, come, see” ein, zum Tresen zu kommen, in dem sich alle möglichen leckeren griechischen Speisen befinden.

Jeannett und Susann sind sich nicht sicher, aber wir nehmen sie an die Hand. Wir suchen die Speisen aus, indem wir auf die Töpfe deuten und jeweils “ena” sagen. Es klappt. Für die Kinder gibt es “Lemonada”, für uns “Himiglikos”, den halbtrockenen roten Wein.

Die ganze Zeit werden wir unaufdringlich aus den Augenwinkeln beobachtet, wie wir speisen. Wir sind hier die einzigen Nichtgriechen, oder anders ausgedrückt, Touristen, Fremde. Der Wirt erkundigt sich nach unserem Wohlbefinden.

Als wir unser Mahl beendet haben, nähert sich ein griechischer Zypriot unserem Tisch, in der Hand eine Untertasse mit Oliven. Kurz vor unserem Tisch macht er

Halt und lässt den Teller mitsamt den Oliven fallen; der Teller zerspringt mit lautem Gescheppere. Der Mann reißt die Arme nach oben und ruft laut, mit einem Lachen im Gesicht "Ella!" Die Kinder blicken verstört, Ruth ist erschrocken.

„Warum macht der Mann das?", fragt Susann, als sie sich wieder gefasst hat. Zum Glück kenne ich die griechischen Sitten von früher. „Er freut sich darüber, dass wir da sind", erkläre ich. Und schon kommt ein neuer Teller mit Oliven, für die Kinder Lemonada und für uns Erwachsene je ein Wasserglas mit Ouzo, dem griechischen Anislikör.

Plötzlich erschallt laute Musik: Sirtaki, der griechische Volkstanz. Drei Männer kommen auf unseren Tisch zu, lachen freundlich, ergreifen unsere Hände und ziehen uns in die Mitte des kleinen Raumes, während die anderen schon die Tische beiseite geräumt haben. "Ella" erschallt es wieder aus zwei Dutzend Kehlen und man bringt uns zum Takt der Musik bei, wie man Sirtaki tanzt. Teller zerspringen auf dem Boden. Die Kinder tanzen mit, wir bewegen unsere Arme und Beine zum Takt der Musik, in einer, manchmal mehreren Reihen. Ab und zu bewegt sich einer der Männer in die Mitte, schwingt die Beine, schreitet, dreht sich, geht wieder zurück ins Glied. Die Kinder strahlen, bewegen Arme und Beine, tanzen mit jungen und alten Griechen. Es ist wie das Paradies.

Nach einigen Stunden ist es spät, Zeit für alle, nach Hause zu gehen. Der letzte Bus ist lange weg, also laufen wir den Berg hinunter, bis zu unserem Hotel. Der Portier begrüßt uns freundlich und mit einem vielsagenden Lächeln. Ob er etwas ahnt von unserem Erlebnis?

„Das war sooo schön", beschließt Jeannett den Abend, „ich habe nie so viel getanzt! Ich mag die Griechen! Am liebsten möchte ich immer hier bleiben!" „Au ja", schließt sich Susann an, „Können wir nicht hier bleiben? Die Menschen sind so nett und ich mag so gern tanzen!"

Ich fühle mich erinnert daran, wie unsere Beiden auf der Terrasse tanzten, bei uns zu Hause. Wie glücklich sie waren, eine Familie gefunden zu haben. „Ja, ihr Beiden", wende ich mich an sie, „ich fand´s auch toll. Aber wenn´s am schönsten ist, soll man aufhören. Wir wohnen nun mal in Deutschland, da sind eure Freunde, da ist eure Schule. Behaltet den Abend in eurem Kopf, denkt immer daran, wenn es euch nicht gut geht. Dann wird alles nicht so schlimm."

Die beiden sind jetzt ganz ruhig. Sie liegen zufrieden lächelnd in ihren Betten und bald sind sie eingeschlafen. Ich kuschele mich noch etwas an Ruth. „Es war ein toller Abend, Nico", flüstert sie mir zu. „So müsste es immer sein, fröhlich und unbeschwert." Dann schlafen auch wir ein, erschöpft, aber glücklich.

Glückliche Momente sind für uns wichtig, aber selten. Meist kommen sie ganz von selbst. So wie heute, als uns die Lebenslust der Griechen einfach mit riss und uns all unsere Probleme und Schwierigkeiten vergessen machte. So wie Alexis Sorbas, der immer dann tanzte, wenn es ihm am schlechtesten ging. Es ist wie eine Therapie.

Männer in schwarzen Mänteln

Am nächsten Morgen nun machen wir uns in unserem Mietauto auf den Weg nach Norden. Es ist eine einfache Straße, die Sonne scheint und erwärmt die Luft. Nach zehn Kilometern biegen wir ab. Die schmale Straße führt hinauf auf einen Berg, zum Kloster Agios Neophyto.

Der Parkplatz ist klein und die Gebäude von einer Mauer umgeben. Wir betreten das Gelände. Die Arme und Beine müssen bedeckt sein, und so wickeln wir uns Tücher um die Schultern und Jacken um die Taille. In der Kirche feiern die Mönche eine Andacht. Der gregorianische Kirchengesang beeindruckt die Kinder. Sie sind ganz still.

Nach ein paar Minuten verlassen wir die Kirche wieder. „Papa, warum tragen die Männer so schwarze Mäntel?", will Susann wissen. „Das sind Mönche, und das ist ihre Kleidung. Sie leben hier ihr ganzes Leben lang, sie haben sich dazu entschieden", erkläre ich. „Sie tun nichts weiter als beten und arbeiten." „Was arbeiten sie denn? Und wovon leben sie?", mischt sich Jeannett ein. „Sie pflanzen Gemüse an, das sie dann verkaufen. Außerdem sorgt die Kirche dafür, dass sie nicht verhungern. Ihnen gehört nichts", fahre ich fort. „Sie wohnen in diesen kleinen Zimmern da, aber tagsüber sind sie immer zusammen." „Warum machen die das?", fragt Susann ungläubig."Sie wollen nur dem lieben Gott dienen. Es ist ihre Lebensaufgabe." „Ist ja komisch", urteilt Jeannett, „ich könnte das nicht."

Wir sehen uns noch etwas im Kloster um und machen uns dann wieder auf den Weg zur Hauptstraße Richtung Norden. Nach einer weiteren Dreiviertelstunde treffen wir in Polis ein. Es ist ein kleines Städtchen an der nordwestlichen Küste, etwas verschlafen, aber umringt von Touristenapartments. Wir haben aus Deutschland einen Wohncontainer auf dem dortigen Campingplatz mit zwei Räumen gebucht. In einem schlafen die Kinder und der andere ist der Wohn-Schlafraum für uns. So können wir die frischen Nächte gut überstehen, ohne in einem Zelt frieren zu müssen.

Als wir ankommen, sind wir begeistert. Von unserem Wohnwagen aus können wir direkt an den Strand. Der Campingplatz ist gemütlich klein, in der Mitte ein Kiosk, der kleine Speisen verkauft. Es ist genau so, wie wir es jetzt brauchen. Abends kommen wir mit einer Gruppe junger deutscher Touristen ins Gespräch. Wir trinken griechischen Wein und die Kinder tollen in der Dunkelheit in Sichtweite am Strand herum. Alles verspricht, harmonisch und angenehm zu werden.

Dies sind die Situationen, die wir brauchen. Stressfrei, an der Natur, alle sind entspannt und gut gelaunt. Wir hoffen, etwas von dieser Atmosphäre in unseren deutschen Alltag hinüber retten zu können.

Alltag im Urlaub

Ob Pflegekinder den Alltag im Urlaub abschütteln können und ihr Verhalten besser im Griff haben? Für einige Tage haben wir es geglaubt. Pflegeeltern sind optimistisch, sie glauben an das Gute im Menschen und dass sie etwas bewegen können.

Auf unserem Zeltplatz in Polis auf Zypern lassen wir es uns gut gehen. Morgens frühstücken wir in einer lustigen Gruppe, abends feiern wir gemeinsam. Alles scheint prima und ganz anders als zu Hause. Dann aber entdecken wir, dass die Hälfte der Schokoladentafel fehlt, die Ruth sich extra aus Deutschland mitgenommen hat. Jeder wusste: Es ist ihre spezielle Sorte. Es können nur die Kinder gewesen sein. Was sollen wir tun? Es übergehen, als ob nichts gewesen sei? Nur, um die Harmonie nicht zu stören? Wir sind der Meinung, dass es ein Lernprozess für die Kinder ist, wenn wir zu erkennen geben, dass ihre Handlung nicht unentdeckt geblieben ist. Ruth und ich fassen einen Entschluss.

„Hier ist meine Schokoladentafel", spricht sie die Kinder an, „und es ist nur noch die Hälfte da. Eine von euch hat die andere Hälfte gegessen. Wer?" Eisernes, betretenes Schweigen. „Wer war es?", drängt Ruth. Keine Reaktion.

„Gut", fährt sie fort, „so lange, bis eine von euch nicht zugibt, dass sie sie weggenommen hat, gibt es nichts besonderes mehr. Der Ausflug, den wir heute ins Gebirge machen wollten, fällt aus. Wir werden nicht mehr grillen. Kein Eis mehr. Und es geht um sieben ins Bett." Das ist wirklich hart für die Beiden. Irgendwann ist der Campingplatz langweilig. Keine Abende mehr, an denen sie am Strand herumtollen dürfen.

Die Atmosphäre beim Mittag ist eisig. Kaum jemand spricht ein Wort. Erst nachmittags nähert sich Susann uns beiden. „Ich wollte nur sagen, dass ich die Schokolade aufgegessen habe." „Wann?", fragt Ruth. „Heute Morgen, als ihr zum Duschen wart." Ihr Kopf ist geneigt, ihr Gesicht finster. Aber sie hat den Tag gerettet. Für den Ausflug ist es jetzt zu spät.

Also gehen wir abends ins Dorf. Die Tavernen sind voller Leute, die Touristen schlendern durch die Straßen. „Ich muss aufs Klo", verkündet da Jeannett. „Muss das hier sein, kannst du nicht warten, bis wir wieder auf dem Campingplatz sind?", wendet Ruth ein. „Nein, ich muss jetzt, ich geh jetzt hier rein", erwidert Jeannett. Als sie in die Taverne verschwindet, ruft Ruth ihr nach „Wir gehen schon mal vor! Du kommst dann nach!"

Wir warten an der nächsten Straßenkreuzung, aber Jeannett erscheint nicht. Ruth geht zurück zu der Taverne, in die Jeannett verschwunden ist. Sie ist brechend voll. Sie sucht, fragt die Leute. Jeannett ist verschwunden, nicht in der Toilette, nicht in der Taverne, nicht auf der Straße. Ruth ruft mich auf dem Handy an. „Geh mit Susann zurück zum Campingplatz, vielleicht ist sie ja da."

Dort angekommen finde ich Jeannett am Strand. Sie ist sich keiner Schuld bewusst. Ein Stein fällt mir vom Herzen. Ein Anruf, und kurze Zeit später ist Ruth zurück. „Weißt du, was wir uns für Sorgen gemacht haben?", spricht Ruth Jeannett an. „Warum denn", antwortet die, „ich sollte doch auf dem Campingplatz auf Klo gehen." Wir sind froh, dass Jeannett überhaupt wieder da ist. Schon hatten wir

Vorstellungen von dunklen Autos mit russischen Kennzeichen und finsteren Gestalten, die in Jeannett eine günstige Ware gesehen hätten.

Zum Feiern ist uns heute nicht zumute. Wir verschwinden geradewegs ins Bett. Heute haben wir begriffen: Auch im Urlaub schlägt der Alltag durch. Wie hätten wir nur annehmen können, es wäre anders? Es ist nur, dass die Alltagspersönlichkeiten überwiegen und die Traumapersönlichkeitsanteile seltener durchbrechen. Aber wir meinen, es ist besser, unbewusste Handlungen ins Bewusstsein zu heben. Klar ist uns auch, dass Pflegekinder sich nicht bewusst sind, was es bedeutet, wenn sie ihren Pflegeeltern verlustig gehen. Statt dessen zeigt sich immer wieder ihre pseudo-autonome Persönlichkeit, und sie treffen Entscheidungen, deren Folgen sie nicht absehen können.

Das Muster ist dasselbe

Traumatisierte Pflegekinder haben ihr Verhalten in ihrem Gehirn eingebrannt bekommen. Es wiederholt sich, egal in welcher Situation. So ist es auch heute in unserem Urlaub in Polis auf Zypern.

Heute Vormittag entdecken wir, dass die Tülle der Kaffeekanne tief eingeschnitten ist. Susann hat ihren Kopf bereits gesenkt. „Susann, hast du uns etwas zu sagen?", frage ich sie. „Ja, ich war´s", gibt sie zu. „Ich habe mich geärgert, dass ihr entdeckt habt, dass ich die Schokolade geklaut habe. Da hab ich´s einfach gemacht."

Meine Güte, sie hat es zugegeben! Wir werden jetzt keine große Affäre daraus machen. Jetzt, wo sie es geschafft hat, beide Persönlichkeitsanteile aneinander zu bringen. Aber an Susann geht die Situation nicht spurlos vorbei. Wie immer in solchen Situationen wird sie tollpatschig. Als sie den Wasserkocher ausleeren will, stolpert sie und das verbleibende Wasser ergießt sich in den Adapter für die Kühltruhe. Es setzt einen Knall und weg ist der Strom. So viel für den Adapter. Es ist Susann peinlich, obwohl niemand mit ihr schimpft. Das einzige Problem ist: Wo bekommen wir jetzt einen neuen Adapter her?

Ich setze mich ins Auto und fahre in die Stadt. Dort gibt es einen kleinen Campingzubehörladen. "I need a new transformer like this one", erkläre ich dem Ladeninhaber und halte ihm das verschlissene Teil unter die Nase. Der blickt vielsagend und bahnt sich dann den Weg über Berge von Zelten, Schlafsäcken und Geräten in das Innere seines Ladens. Es rumpelt und klopft. Schließlich erscheint er mit dem ersehnten Kästchen und hält es triumphierend in die Höhe. "Twenty-five pounds" proklamiert er.

Fast falle ich hinten über. Das sind fünfzig Euro! Aber er kann den Preis bestimmen, angesichts in der Hitze vergammelnder Lebensmittel. Ich zücke mein Portemonnaie. Ehrlich gesagt, hätte er "sixty" gesagt, ich hätte es auch bezahlt. Insofern ist der Kauf ein Schnäppchen. Zurück auf dem Zeltplatz, empfangen mich alle in gespannter Erwartung. Den Preis will niemand hören. Nur Susann ist etwas bedrückt.

Wir erkennen, dass die Symptome traumatisierender Ereignisse nicht in positiven Situationen verschwinden. Susann handelt entsprechend ihres Jahre lang eingeprägten Verhaltensmusters. Zwar mögen die Anlässe für dissoziative Übersprünge nicht so zahlreich sein und Susann mag stabiler sein als sonst. Aber die Symptome sind weiterhin vorhanden.

So werden wir uns damit abfinden, dass sie immer präsent bleiben. Es ist zweifelhaft, ob eine Heilung möglich ist. Es ist Urlaub und wir sind fest entschlossen, das Beste daraus zu machen.

Verbummeln, stehlen und zerstören

Wieder zu Hause

Normalerweise fördert Urlaub die Erholung und die hält noch eine Weile an. Man erinnert sich gern an die schönen Erlebnisse und sieht sich die Urlaubsfotos an. In Pflegefamilien mit traumatisierten Kindern ist das anders. Der Alltag kehrt schnell zurück und die alten Verhaltensmuster und Symptome tauchen wieder auf. So auch bei uns.

Es ist morgens um sechs. Die Kinder müssen zur Schule. Susann ist nervös. Als sie meine Teekanne zum Waschbecken trägt, fällt ihr der Deckel auf den Boden und zerspringt. Susann sinkt auf den Stuhl, Tränen in den Augen. „Du brauchst doch nicht zu weinen", tröste ich sie. „Dann gibt es eben eine neue."

„Papa, ich kann meinen Hosengürtel nicht finden", kündigt sie das neue Problem an. „Und meine Zahnspange ist auch nicht mehr da." Ich gehe an meinen Kleiderschrank und suche nach einem passenden Gürtel. Susann strahlt wieder. „Aber das mit der Zahnspange müssen wir heute Nachmittag auf die Reihe kriegen", mahne ich. Schnell einen Früchtetee und ein Marmeladenbrot und dann geht´s los zur Schule.

Alles ist vergangen, die ganzen schönen Urlaubstage. Sobald es Alltag ist, werden die Kinder nervös. Sie kriegen nichts mehr auf die Reihe. Alle alten Erinnerungen an die Kindheit kommen wieder. Und dann ist da die Angst, kein „normales Kind" zu sein. Also stellen wir uns darauf ein, wieder zu kämpfen. Zu kämpfen gegen die Schatten der Vergangenheit, die über unserer Familie liegen.

Warum zerstört sie alles?

Pflegeeltern stehen oft vor Rätseln. Sie versuchen ihre traumatisierten Pflegekinder zu verstehen, aber es gelingt ihnen nicht. Oft bleibt nur Entsetzen.

Jeannett bittet uns in ihr Zimmer. Wir sollen uns ihren Schreibtischstuhl ansehen. Ein großer Schnitt befindet sich quer über der Polsterfläche, die Polsterung tritt aus. Es besteht kein Zweifel daran, dass es Susanns Werk war. In Susanns Zimmer finden wir das Kissen in Herzform mit zwei Mäusen, das sie zu Weihnachten geschenkt bekommen hat und das sie so geliebt hat. Es ist aufgeschnitten, der Inhalt verstreut über den Boden. Wir sind traurig und entsetzt.

Was geht in diesem Kind vor? Warum zerstört sie nicht nur Dinge, die anderen Familienmitgliedern gehören, warum zerstört sie hemmungslos auch Dinge, die sie liebt, die ihr etwas bedeuten? Wir sind fassungslos. Dass sie den Schreibtischstuhl ihrer Schwester beschädigt, ließe sich noch mit der überbordenden Konkurrenz zwischen den Geschwistern erklären. Aber das Herzkissen, so misshandelt... Es scheint, dass sie alles, was ihr etwas bedeutet, kaputt machen muss. Wie riesig und übermächtig muss ihre Wut sein, Wut gegen sich selbst und ihre Umwelt, dass sie zu solchen Taten in der Lage ist? Was muss sich in solchen Augenblicken der blindwütigen Zerstörung in ihrem Kopf abspielen? Wer kann es ermessen? Der Gedanke daran treibt mir die Tränen in die Augen.

Es beschleicht uns der Gedanke, dass wir nichts ausrichten können. Susann können wir für ihr Verhalten offensichtlich nicht verantwortlich machen. Erzieherisch können wir nichts ausrichten. Es ist ein Fall für einen Psychotherapeuten. Wir kommen an unsere Grenzen.

Tags darauf finden wir Susanns Namenszug mit roter Kreide quer über die hintere Hausmauer geschrieben. Wir verpflichten sie, die Schmiererei mit Wasser zu beseitigen. Wir sind uns darüber im Klaren, was das bedeutet: Ich bin hier, ich will auch hier bleiben. Ich will die ungeteilte Aufmerksamkeit. Ich will nicht immer in Jeannets Schatten stehen, die sich immer in den Mittelpunkt drängt. Helft mir!

Gruselparty

Pflegekinder reagieren manchmal so, wie es niemand sich hätte vorstellen können. Vor allem finden sie keinen Anlass und keinen Grund dafür.

Es ist zehn Uhr abends. Die Kinder sind im Bett. Ab und zu gehe ich abends in die obere Etage, um zu sehen, ob mit Jeannett alles in Ordnung ist. So auch heute.

Es ist alles still. Ich blicke leise und verstohlen in Jeannetts Zimmer und erwarte sie schlafend im Bett. Aber ein Lichtschein irritiert mich. Als ich die Bettdecke zurückschlage, läuft mir angesichts des Bildes, das sich mit bietet, ein Schauer über den Rücken. Jeannett lieg in ihrem Bett, bekleidet mit ihrer Trainingshose und einem Pullover. Die Heizung glüht. In der einen Hand hat sie ein Glas Rübensaft, in der anderen einen Löffel. Sie hat aus unseren Zeltsachen für den Urlaub den Spannungsadapter, der eigentlich für die Gefrierbox gedacht ist und die mobile Videoanlage geholt. Sie sieht eine Harry-Potter-DVD, die sie einfach ohne zu fragen aus Hameln von Schwägerin Sarah mitgenommen hat.

„Jeannett, was machst du da?", frage ich ungläubig. Keine Antwort. Sie schaltet die Videoanlage ab, gibt mir wortlos die DVD und legt sich wieder ins Bett. Ihr starrer Blick, die zu Schlitzen verzogenen Augen signalisieren mir: Sie ist jetzt nicht erreichbar.

Es ist mir unheimlich. Wie soll ich reagieren? Da klettert sie die Dachleiter hinauf, holt Videoanlage und Adapter, geht in den Keller, holt aus dem Vorratsschrank das Glas mit dem Rübensirup, holt sich aus der Küche einen Löffel und inszeniert diese Szene. Was geht in diesem Kind vor??? Ist das noch normal?? Sehe ich

Gespenster oder sehe ich ein Kind mit zwei kontrastierenden Persönlichkeitsanteilen? Das ist nicht die Jeannett, die ich kenne, die kuschelt und mich „Papa" nennt. Diese Persönlichkeit kennt keine Regeln und inszeniert Situationen, die uns unheimlich vorkommen. Ob sie damit gerechnet hat, dass sie entdeckt wird? Oder ob sie es sogar provoziert hat?

Gemeinsame Sache

Geschwisterkinder werden in Pflegefamilien gemeinsam vermittelt, "weil sie ja niemanden sonst als sich selbst haben". Pflegeeltern von Geschwistern stellen immer wieder fest, besonders zu Anfang der Pflege, dass die Kinder sich gegenseitig stützen, auch gegen die Pflegeeltern verbünden. Was wir allerdings erleben, ist die verkehrte Form des Verbündens.

Wir kehren vom Einkauf zurück. Alle Türen stehen offen. Frau Sossna, die Familienhelferin, unterstützt heute die Kinder mit den Schulaufgaben. Als wir herein kommen, finden wir sie und die Kinder stehend am Wohnzimmertisch, vor sich ihre Handtasche. „Ist was passiert?", erkundigt sich Ruth. „Kann man wohl sagen", antwortet Frau Sossna. „Ich war nur eben draußen am Auto, um meinen Kalender zu holen. Als ich zurück komme, finde ich meine Handtasche offen. Das Portemonnaie fehlt." Die Kinder senken ihre Köpfe.

„Wo ist das Portemonnaie?" frage ich scharf. Jeannett verschwindet und kommt wenig später mit dem Portemonnaie wieder. Frau Sossna kontrolliert ihr Portemonnaie. Zwölf Euro bleiben verschwunden. Wir werden das Geld vom nächsten Taschengeld abziehen.

Die Sache hat sich, unserer Rekonstruktion nach, so abgespielt: Frau Sossna geht zu ihrem Auto, um den Kalender zu holen. Das bekommen die Kinder mit. Jeannett stellt sich an die Eingangstür und schiebt Wache, während Susann das Portemonnaie aus der Handtasche holt. Jeannett kommt zurück und versteckt es in ihrem Zimmer.

Was wir heute erlebt haben, ist schon die Ausgeburt krimineller Energie. Natürlich besprechen wir die Sache mit den Kindern, aber die mauern. Es scheint, als ob der Rückfall in ihre alten, traumatischen Persönlichkeiten ausgerechnet zeitgleich stattgefunden haben und zusammengefallen sind.

Wir kennen keinen Weg, um solche Aktionen zu verhindern. Sie scheinen schicksalhaft über uns herein zu brechen. Auch andere, Pflegeeltern und Fachleute, mit denen wir reden, können uns nicht helfen.

Der gescheiterte Ausflug

Manchmal ist es schwer für Pflegeeltern, ihre Pflegekinder zu verstehen. Aus heiterem Himmel schlägt ihre Stimmung um, sie machen einen riesigen Zirkus und verkriechen sich. Das erleben wir heute.

Es ist ein schöner Sonntag, sonnig und frühlingshaft warm. „Warum wollen wir heute nicht mal eine Radtour machen?", regt Ruth beim Frühstück an. „Wir waren so lange nicht mit dem Fahrrad im Wald. Dann machen wir ein Picknick und lassen es uns so richtig gut gehen!" „Au ja", freut sich Susann und auch Jeannett strahlt. Alle freuen sich auf das Ereignis.

Nach dem Frühstück werden Brote geschmiert, Buletten und Obst zusammengepackt. Auch Getränke werden mitgenommen. Jeder bekommt einen Fahrradkorb oder eine Satteltasche, damit wir das Gepäck verteilen können. Eine Stunde später geht es los. Die Fahrradreifen sind aufgepumpt, das Flickzeug verstaut. Durch das Dorf hindurch geht es zum Waldrand und hinein in den Wald.

Wir sind kaum eine Viertelstunde gefahren, bergauf, bergab, über Baumwurzeln und an Lichtungen vorbei, da bleibt Jeannett unvermittelt stehen. Ihr Gesicht ist finster. „Was ist denn los, Jeannett?", fragt Ruth. „Ich will nicht mehr. Ich bleib jetzt hier stehn." „Du hast dich doch auch gefreut!", versuche ich, sie zu beruhigen. „Lass uns doch weiter fahren."

Jeannett beginnt zu weinen. „Ich will nicht immer mit dem dummen Fahrrad fahren", jault sie. Ihr Heulen steigert sich zu einem hysterischen Schreien und Kreischen. Sie kann keine artikulierten Laute mehr hervorbringen. Ihr Kopf wird rot, ihre Lippen und Augen schmal. Susann steht hilflos neben ihr, versucht sie, zu trösten. Vergeblich. Ruth und ich werfen uns Blicke zu. Wir sind uns einig.

„Wir fahren jetzt zurück nach Hause", entscheide ich. „Schade für uns alle. Es hätte so schön werden können." Aber Jeannett weigert sich, auf das Fahrrad zu steigen. So laufen wir, Jeannett in einigem Abstand und schreiend und kreischend durch das ganze Dorf, bis wir unser Haus erreicht haben. Glücklicherweise bekommt jeder mit, dass wir nicht Schuld sind an diesem Desaster. Zuhause angekommen, sitzen Ruth, Susann und ich auf der Terrasse und lassen es uns mit einem Eiskakao gut gehen. Jeannett lehnt alles ab. Sie liegt auf dem Bett in ihrem Zimmer und hört nicht auf zu heulen.

So ist das mit traumatisierten Pflegekindern. War es eine Erinnerung, ein Flashback aus alten Zeiten, der ihre Trauer getriggert hat? Wir wissen es nicht. Allerdings haben wir die Erfahrung gemacht, dass traumatisierte Kinder angenehme, harmonische Situationen nicht ertragen können. Sie kennen aus ihrer Kindheit nur Stress, der aus Todesangst herrührt. Fehlt dieses Körpergefühl, so stelle ich mir vor, müssen sie es bewusst hervorrufen. Das führt dazu, dass sie harmonische Situationen kaputt machen müssen, indem sie die mit den elterlichen Tätern gemachte Erfahrungen reinszenieren und auf die Pflegeeltern übertragen.

Honig – und der gute Grund

Wie oft verstehen Pflegeeltern nicht, was ihre Pflegekinder tun. Sie sind konfrontiert mit plötzlichen Situationen und fühlen sich urplötzlich angegriffen und in einer Abwehrhaltung. Aber wir schaffen es heute, den guten Grund zu erkennen und richtig darauf zu reagieren.

Ruth und ich sind in der Küche. Es ist Sonntag und wir haben ein richtig leckeres, dreigängiges Menü zusammengestellt, so wie es die Kinder auch lieben. „Gehst du die Kinder holen?", fragt mich Ruth, „das Essen ist jetzt fertig. Susann soll den Tisch decken, sie ist heute dran damit."

Susanns Zimmertür ist offen. Sie ist nicht da. Ich ahne etwas. Also gehe ich in den Keller. Da bietet sich mir ein merkwürdiges Bild. Susann steht vor dem geöffneten Vorratsschrank, ein Glas Honig in der einen und einen Esslöffel in der anderen Hand. Der Honig ist zu einem Viertel leer.

„Susann, was machst du da?", frage ich erstaunt. „Gib mir den Honig, wir wollen gleich Mittag essen." Susann versteckt das Honigglas hinter ihrem Rücken. „Nein, ich will nicht!", schreit sie. „Ich ess den jetzt auf!" „Susann – nein!", bestimme ich. „Du gibst mir jetzt das Honigglas!" „Nein!", kreischt sie. „Nie bekomme ich etwas zu essen bei euch! Du bist so gemein!"

Susanns Gesichtsausdruck ist hasserfüllt. Sie tritt gegen den Vorratsschank. Ich spüre das Blut in mir kochen. „So schon gar nicht! Gib mir jetzt das Honigglas!" Und mit einem geschickten Griff entwende ich es ihr. Nun beginnt Susann, nach mir zu schlagen und zu treten. „Ich hasse dich, ich hasse dich, du bist so Scheiße!", kreischt sie.

In mir steigen Bilder hoch, blitzartig. Ich sehe Susann in ihrer Herkunftsfamilie, das Geld ist knapp, es gibt nur wenig zu essen und zu unregelmäßigen Zeiten. Sie hat Hunger. Also nimmt sie sich, was sie bekommen kann. Warum soll ich nicht aussprechen, was sie denkt?

„Susann, wenn ich sehe, wie es dich aufregt, dass ich dir das Honigglas weggenommen habe, dann frage ich mich, was der Grund dafür ist. Du hast sicher einen Grund dafür, so wütend zu werden", spreche ich in ruhigem Ton, während Susann sich die Tränen aus den Augen wischt. „Weil du mir mein Honigglas nicht zurückgibst!", antwortet sie, noch laut, aber schon ruhiger.

Ich mache einen Ansatz. „Ja, deshalb bist du jetzt so wütend, und ich glaube, dass du früher auch schon sehr wütend geworden bist, wenn du nichts zu essen bekommen hast." „Woher weißt du das?", fragt Susann, jetzt mit gesenktem Kopf und ziemlich leise. „Weil ich auch sehr wütend wäre, wenn ich Hunger hätte und nichts zu essen bekommen würde. Das muss sehr schlimm sein." „Ja, das war auch schlimm", lässt sich Susann nun auf meinen Versuch ein. „Manchmal konnte ich vor Hunger nicht schlafen." „Ich finde, du hattest Recht, wütend zu sein, wenn deine Mutter dir nicht das gegeben hat, was du zum Leben brauchtest. Ich wäre da auch wütend."

„Meinst du wirklich?", fragt Susann erstaunt. „Klar! Ein Kind muss bekommen, was es zum Leben braucht. Du hast bestimmt ganz dolle Angst gehabt und hast gedacht, du kannst nicht weiter leben. Das ist für Kinder schrecklich, und dass du dann wütend wirst, kann ich gut verstehen." „Hättest du auch Angst, wenn deine Mama dir nichts zu essen geben würde? Würdest du dann auch wütend werden? Wie ich jetzt?" „Ich glaube schon", sage ich vorsichtig. „Wirklich?", fragt sie leise und kuschelt sich an mich. „Sicher", bestätige ich. „Und du weißt, dass du bei uns immer was zu essen bekommst. Wir haben ein ganz tolles Mittag gekocht. Möchtest du für uns den Tisch decken? Im Wohnzimmer?" Susann nickt wortlos, wendet sich um und stapft die Kellertreppe hinauf.

Traumatisierte Kinder handeln für ihre Umwelt scheinbar unberechenbar. Aber sie sind nicht böse. Es gibt immer einen guten Grund für ihr Verhalten. Zugegeben, es ist selten, dass ihre Mitmenschen diesen Grund erkennen und ihn auf kindliche Weise benennen und ihr Verständnis äußern können. Es braucht eine deeskalierende, Stress mindernde Situation. Das ist im Alltag nicht immer zu verwirklichen, und schon gar nicht in der Schule oder in der Kita, wo die Umwelt keine Ahnung davon hat, was diese Kinder schon durchgemacht haben.

Daraus folgt, dass alle, die mit ihnen zu tun haben, bis in die schrecklichen Details und ihre Auswirkungen informiert werden müssen. Die Mitarbeiter der Jugendämter müssen wissen, wie traumatisierte Kinder sich verhalten, damit sie die entsprechenden Hilfsmaßnahmen einleiten können und sorgsam passende Pflegefamilien auswählen können. Lehrer müssen lernen, dass das Verhalten traumatisierter Kinder und Jugendlicher nicht als Boshaftigkeit oder Charakterschwäche zu sehen. Sie müssen Mittel an die Hand bekommen, mit Flashbacks und Übertragungen umzugehen. Dasselbe gilt für Erzieher. Nur eine flächendeckende Installierung von obligatorischen Fortbildungen könnte hier Abhilfe auf lange Sicht schaffen.

Ich bin es nicht wert!

Traumatisierte Pflegekinder leiden an ständigen Minderwertigkeitskomplexen. Sie haben Jahre lang beigebracht bekommen, dass sie für ihre leiblichen Eltern nichts wert sind, der letzte Dreck. Diese Erfahrung müssen sie in der Pflegefamilie reinszenieren. Heute tut Susann genau das.

Es ist Samstag, ein schöner Sommertag. Eine gute Gelegenheit, ein Terrassenfest zu feiern. Viele Verwandte und Bekannte haben wir eingeladen. Abends wird gegrillt und ein Feuer im Feuerkorb entfacht. Natürlich ist viel zu tun und Jeannett hilft fleißig, die Terrasse zu putzen, den Tisch einzudecken und in der Küche zu helfen. Susann soll ihr Zimmer aufräumen, die Wäsche aufhängen und sich ansonsten für kleinere Aufgaben zur Verfügung halten. Aber sie tut nichts, sitzt in ihrem Zimmer herum, schaut aus dem Fenster, träumt. Schließlich betrete ich ihr Zimmer.

„Mann, Susann, wie sieht es denn hier aus! Du hast ja gar nichts geschafft! Man sieht ja den Fußboden gar nicht. Bring doch erst einmal die schmutzigen Anziehsachen nach unten an die Waschmaschine", versuche ich ihr zu helfen. „Ich denk gar nicht dran", brüllt sie mich an, „ich will nicht, ich mach nichts, was ihr mir sagt!" Sie wirft, was auf dem Boden liegt, durch die Tür auf den Flur, tobt und brüllt. „Jeannett ist sowieso immer die Beste", schreit sie mich an. Sie tut wirklich alles, um uns zu zeigen, dass sie es nicht wert ist, mit uns zu feiern. Ich spreche mit Ruth. „Sie wird nicht an unserem Fest teilnehmen", verkündet sie entscheidungsfest. „Sie hat es nicht verdient."

Für einen Moment stimme ich Ruth, aus Erregung und Enttäuschung heraus, zu. Aber dann kommen mir Zweifel. „Weißt du", überlege ich, „Ich glaube das ist es genau, was sie will. Sie will uns zeigen, dass sie es nicht verdient hat, in unsere Familie integriert zu werden. Diesen Triumph will ich ihr nicht lassen."

„Das kannst du nicht machen", protestiert Ruth. „Jeannett hat es sich verdient, sie hat gemacht und getan. Aber Susann hat nichts getan, im Gegenteil. Du willst sie jetzt dafür noch belohnen?" „Nein, nein", wehre ich mich. „Es ist keine Belohnung, und das müssen wir beiden auch sagen. Ich will ihr den Wind aus den Segeln nehmen und ihr keinen Grund geben, uns das Fest kaputt zu machen." Ruth resigniert. „Mach was du willst", antwortet sie, „Aber ich finde es nicht richtig."

Ich bitte die beiden Kinder an den Küchentisch. Sie wissen, dass ich etwas Wichtiges zu sagen habe. „Jeder, der Augen im Kopf hat", beginne ich, „weiß, dass Jeannett sich heute richtig Mühe gegeben hat, uns zu helfen, das Terrassenfest vorzubereiten. Susann, du hast leider nichts geschafft. Eigentlich dürftest du nicht an unserem Fest teilnehmen." Susann blickt vor sich nach unten. Sie macht einen traurigen Eindruck.

„Aber wir haben beschlossen, dass du dabei sein kannst. Du weißt, du hast es nicht verdient. Es ist auch keine Belohnung. Trotzdem werden wir dich nicht in dein Zimmer schicken." Susann wischt sich einige Tränen von der Wange. Sie scheint verwirrt, kann mit der Entscheidung nichts anfangen. „Sei doch froh", schaltet sich Jeannett ein, „du hast es nicht verdient und darfst trotzdem dabei sein. Ich finde das eine ganz tolle Entscheidung von Mama und Papa."

Susann steht schweigend auf und räumt die von ihr herumgeworfenen Sachen aus dem Flur und in ihr Zimmer. Sie schafft es sogar, etwas Ordnung zu machen. Als die Freunde kommen, isst sie mit vom Gegrillten und zieht sich dann in ihr Zimmer zurück.

Susanns Verhalten ist Teil ihrer Krankheitssymptomatik. Sie kann harmonische Situationen nicht vertragen oder gar genießen; es widerspricht ihren Erfahrungen in frühester Kindheit. Sie steht unter chronischem Stress, den eine oder mehrere Todesnäheerfahrungen hinterlassen haben. Also re-inszeniert sie in ihrer Pflegefamilie Situationen, die sie mit Familie in Verbindung bringt. Dafür zieht sie alle Register. Sie weiß genau, dass ihr Verhalten negative Aufmerksamkeit und Missachtung provoziert, und genau das will sie, um ihre bisherigen Erfahrungen zu bestätigen.

Als jemand, der pädagogisch ausgebildet ist, weiß ich: Fehlverhalten muss möglichst unmittelbar sanktioniert werden, damit eine Verhaltensänderung erreicht werden kann. Aber Pädagogik allein reicht beim Verstehen und Beeinflussen traumatisierter Kinder nicht aus. Mitunter muss man alles Gelernte vergessen und genau entgegengesetzt denken und handeln.

In der oben beschriebenen Situation heißt das: Keine Sanktionen, denn Strafen würden genau zu dem vom traumatisierten Kind erwarteten Verhalten gehören und seine frühkindlichen Erfahrungen bestätigen. Traumatisierte Kinder haben nur selten ein Normensystem. Sanktionen, die auf unseren Normen basieren, wären für sie unbegründet, unverständlich und willkürlich, auch, wenn wir sie erklären.

Statt dessen ist ihr Verhalten, entsprechend dem Konzept des „guten Grundes" für sie schlüssig und zwingend. Sie verhalten sich nicht aus Boshaftigkeit für uns abnorm, sondern weil sie etwas erreichen wollen. Sie wollen immer wieder die frühkindliche soziale Situation re-inszenieren, die ihre Rollenerwartungen erfüllt. Ihr Verhalten ist in ihrer Vergangenheit begründet.

In unserem Fall war die Aussage des Verhaltens des Pflegekindes: „Ich bin nichts wert, ich bin schlecht". Sanktionen würden diese Aussage bestätigen und das Verhalten verstetigen. Wir hätten damit genau das Gegenteil davon erreicht, Susann in unsere Familie zu integrieren.

Es geht bergab

Susanns Zustand degeneriert zusehends. Sie verweigert ständig, die Wäsche aufzuhängen und ihr Zimmer aufzuräumen. Sie brüllt und schreit. Sie bringt uns an unsere Grenzen. Mehrmals rastet sie beim Abendessen oder Frühstück aus, knallt das Messer auf den Teller, so dass er scheppernd zerbricht. Sie beschimpft Jeannett, die doch ihre Schwester ist. Meist ist sie zuerst ganz gelassen und steigert sich dann in die Aggression hinein. Sie beschimpft uns mit Ausdrücken wie „Ihr seid voll unverschämt!", wenn wir sie bloß bitten, die Katze zu füttern.

Auch Jeannett scheint die Situation nicht geheuer. Sie stellt ihrer Schwester eine komplette Federmappe aus ihrem Bestand zusammen, mit Buntstiften, Lineal, Füller und allem, was dazu gehört. Es hält nicht lange. Am nächsten Tag ist alles verstreut in ihrem Zimmer oder in der Schule verschusselt.

Wir können so nicht in einer Familie leben. Wir sagen es Susann. Wir decken kein Geschirr und Besteck mehr für sie, um ihr zu zeigen, welche Auswirkungen ihr Verhalten hat. Zum Schluss beschließen wir, ihre Wutausbrüche nicht mehr zur Kenntnis zu nehmen. Es nützt nichts.

Natürlich reden wir mit anderen Pflegeeltern darüber. Wir reden mit Eileen vom Pflegeelternverein. Wir bekommen gute Ratschläge. Aber nichts funktioniert. Eine Analyse von Susanns Verhalten schicken wir an das Jugendamt. Vergeblich. Keine Antwort.

Während eines Gesprächs nach dem Abendessen schlage ich einen „Tag des Flüsterns" vor: Einen Tag lang sollen alle sich nur durch Flüstern verständigen. Ich verspreche mir davon, dass sich alle besser gegenseitig zuhören. Aber selbst Ruth findet meine Erkenntnis aus der Kommunikationswissenschaft doof. So wird weiter getobt und geschrien.

Kaputtmachen und kuscheln

Susann tobt mal wieder. „Ich füttere die Katze nicht, Ihr seid voll unverschämt!" Sie rennt über den Flur in ihr Zimmer. „Es ist alles so Scheiße hier!" In ihrem Zimmer liegen knietief Schulsachen, saubere und schmutzige Kleidung und

Papierschnipsel durcheinander. „Ich denk nicht dran, ich räume mein Zimmer nicht auf!" Ruth geht ihr entgegen, will sie in den Arm nehmen, um sie zu beruhigen. Sie erntet unkoordinierte Schläge. Susann rennt zur Haustür. „Ich hau jetzt ab, da könnt ihr machen, was ihr wollt!", schreit sie in die Wohnung. Dann rennt sie wieder in ihr Zimmer. Sie ist offensichtlich völlig desorientiert.

Ruth fällt mir in den Arm. „Nico, ich halt das nicht mehr aus!" „Lass sie sich erst einmal wieder beruhigen", tröste ich sie. Dann ist es ruhig, stundenlang. Bis Susann zum Abendbrot kommt, völlig entspannt. Ihr Zimmer ist tip-top aufgeräumt. Sie kuschelt sich an Ruth. „Ich hab euch so lieb, ich will hier nie weg", schnurrt sie.

Was müssen diese Kinder alles erlebt haben, dass sie sich so verhalten müssen! Dass sie die Menschen, die sie lieben, so beschimpfen und ihnen das Leben schwer machen. Die Aggression gegen die Welt und ihre Vergangenheit muss raus, sie wendet sich gegen die Umwelt und sich selbst. Wenn sie wieder bei sich sind, verhalten sie sich wie ganz normale leibliche Kinder. Es ist nicht einfach, das zu ertragen.

Weil ich weiß, dass es Susann schlecht geht in solchen Situationen, versuche ich, bei ihr ein Bewusstsein herzustellen dafür, was ihr gut tut. Ich entwickle einen Fragenkatalog, der bei uns an die Pinnwand kommt und den wir jeden Morgen oder mittags, wenn die Kinder aus der Schule kommen:

1. Was will ich heute für mich tun?
2. Was will ich heute für meine Familie tun?
3. Was will ich heute mit anderen gemeinsam tun?
4. und von Susann hinzugefügt: Was will ich heute nicht haben?

Susann geht sofort darauf ein. „Ich will heute mein Zimmer aufräumen. Ich will mich nicht aufregen. Ich will den Tisch decken und die Wäsche aufhängen. In der Schule will ich gemeinsam mit anderen lernen. Und: Ich will keinen Stress haben."

Wir dürfen uns nicht wundern, wenn das Ergebnis aus dem Fragenkatalog nicht lange hält. In einem Aggressionsschub sind die Kinder leider nicht ansprechbar. Aber wir geben eine Richtung vor und schaffen einen Rückhalt, um sich darauf zu besinnen.

Ab jetzt vertrau ich niemandem

In allen Pflegeverhältnissen gibt es Tage, an denen etwas geschieht, was die Zukunft bestimmt. Pflegeeltern werden sich meist sehr spät bewusst, dass Pflegekinder es ernst meinen. Heute ist so ein Tag.

Morgens geht es schon richtig los. Susann ist nicht in der Lage, sich selbständig die Haare zu waschen. Also hilft Ruth ihr, aber Susann schreit und tobt, als Ruth versucht, ihr verknotetes Haar zu sortieren. Später entdecken wir, dass Susann einen meiner Korrekturstifte zerstört hat - aus reiner Zerstörungswut. Wieder beginnt sie zu toben.

„Ihr seid so Scheiße", brüllt sie, „Ihr seid die größten Arschlöcher, die ich kenne!"

Das tut schon weh.

„Ab jetzt mach ich nur noch, was ich will und nicht mehr, was ihr wollt. Ich vertrau jetzt niemandem mehr!"

Das ist hart. Was sie da gesagt hat, soll ab jetzt ihr Programm werden. Wir wissen zu diesem Zeitpunkt noch nicht, was es zu bedeuten hat. Es ist der Zeitpunkt, ab dem Susann die Bindung zu uns und ihrer Schwester abbricht. Sie ist nicht mehr bereit, sich in unsere Familie einzufügen. Dabei scheint es ihr nichts auszumachen, dass sie ab jetzt völlig alleine dasteht.

Die große Schwindelei – und ein großes Versprechen

Pflegeeltern leisten etwas, was niemand sonst für Pflegekinder tun würde: Außer sie zu kleiden, ihnen satt zu essen zu geben und ihnen Unterkunft zu gewähren, zeigen sie ihnen Grundsätze auf, nach denen das Leben funktioniert. Einer dieser Grundsätze ist es, nach Möglichkeit die Wahrheit zu sagen.

Wir sitzen am Abendbrottisch. Jeannett rutscht unruhig auf ihrem Stuhl herum. Etwas sagt mir: Da stimmt etwas nicht. Zum Vorschein kommen zwei Fingerringe. „Woher kommen die denn?", frage ich, etwas verdutzt. „Die habe ich von einer Freundin", antwortet Jeannett unsicher. „Von welcher Freundin denn?", fragt Ruth. Schweigen. Dann ein weiterer Erklärungsversuch. „Susann hat sie mir gegeben." Wir schicken Susann nach draußen.

„Stimmt das wirklich?", fragt Ruth misstrauisch, als Susann die Küche verlassen hat. „Ja", antwortet Jeannett kleinlaut, „aber ich weiß nicht, woher sie sie hat. Ich sollte sie für sie aufbewahren." „Also sind es Susanns", erkundige ich mich nochmals. „Ja", bestätigt Jeannett. Dann schicken wir Jeannett nach draußen und holen Susann herein.

„Jeannett hat uns eben erzählt, die Ringe wären deine", konfrontiere ich sie mit unserer Erkenntnis. „Stimmt", gibt sie kleinlaut zu. „Und woher hast du sie?", will ich wissen. „Gekauft", antwortet sie kurz. „Wo und wovon?", schaltet sich Ruth ein. „Ich habe fünf Euro aus Papas Portemonnaie genommen und das Geld am Bahnhof gewechselt. Dann habe ich die Ringe aus dem Automaten gekauft." „Ich will das Geld wieder haben", bestehe ich. „Das will ich von deinem nächsten Taschengeld." Susann nickt schweigend.

Dann sprechen wir mit beiden Kindern. Wir sagen ihnen, was sie auch schon wissen, nämlich, wie es wirklich war. Jeannett bekommt plötzlich einen milden Gesichtsausdruck. Sie blickt uns wechselseitig tief in die Augen. „Ihr habt Recht. Ich habe gelogen, um Susann zu schützen. Es tut mir leid."

Am nächsten Tag bringt Jeannett ein Bild von sich mit, das in der Schule aufgenommen wurde. Es ist gefasst in einen wunderhübschen Rahmen, den sie selbst angemalt hat. In einem Moment, als sie mit Ruth allein ist, übergibt sie ihr das Geschenk. „Das ist für einen neuen Anfang", verspricht sie. „Ich will nicht mehr stehlen und lügen. Solltest du mich dabei erwischen, möchte ich, dass du mir das Bild zurück gibst."

Was für eine Geste! Fast theatralisch inszeniert, aber absolut ehrlich gemeint. Ruth ist gerührt. Das Versprechen, das sie so abgegeben hat, soll viele Jahre halten.

Haare ab – warum?

Pflegekinder tun manchmal etwas, was ihren Pflegeeltern unbegreiflich ist. Aber meist steckt eine Bedeutung dahinter, die sich nicht ohne weiteres erschließt.

Ruth findet heute in der oberen Etage im Bad ein Büschel blonder Haare. Daneben liegt Jeannetts Puppe, kahl geschnitten. Das schreit nach Aufklärung.

Wir sprechen mit Jeannett. „Sie hat sich schlecht benommen", erklärt Jeannett mit strenger Miene. „Sie hat geklaut und gelogen." „Aber deshalb schneidest du ihr die Haare ab?", fragt Ruth entsetzt. „Sieh dir doch nur an, wie sie jetzt aussieht!" Jeannett lässt nicht ab. „Sie hat es verdient, das ist ihre Strafe."

Es ist nicht zu glauben. Jeannett reinszeniert. Sie überträgt, was wir den Kindern beigebracht haben, auf ihre Puppe. Aber sie bezieht die Situation nicht auf sich. Indem sie ihrer Puppe die Haare abschneidet, bestraft sie sich selbst. Aber die Erkenntnis kommt nicht bei ihr an.

Jeannett zeigt in der letzten Zeit Wohlverhalten. Sie möchte sich vom Verhalten ihrer Schwester absetzen; es ist Teil der Konkurrenz zwischen den Geschwistern. Aber sie braucht noch eine Weile, bis sie die Bedeutung der Normen wirklich verinnerlicht hat. Die Strafe für ihre Puppe bedeutet auch eine Bestrafung ihrer Schwester.

Die Kinder und die Schule

Wieder Ärger mit der Schule

Traumatisierte Pflegekinder und Schule, das ist meist eine schlechte Mischung. Aber sie ist nicht zu umgehen. Deshalb müssen Pflegeeltern immer wieder auftauchen und die Lehrer daran erinnern, warum ihre Kinder so schwierig sind.

Susann ist in der fünften Klasse. Üblicherweise bekommen Fünftklässler die Aufgabe, die Schulanfänger in den ersten Klassen zu betreuen und sie in der Schule ankommen zu lassen. Sie bekommen ein Partnerkind, das sie besonders betreuen sollen. Susann ist überglücklich, so eine wichtige Aufgabe übernehmen zu dürfen.

Aber es kommt wie es kommen muss. Susann, die ihre Aufgabe in jeder Hofpause sehr ernst nimmt, beschützt ihre kleine Patentochter. Da kommt ein Klassenkamerad der Kleinen, schubst sie und stellt ihr ein Bein. Susann kann nichts tun. Aber sie fühlt sich verantwortlich. Sie sprintet los.

„Du Arschloch, ich krieg dich!" brüllt sie über den ganzen Schulhof. Schließlich, nach einigen Runden und wildem Hakenschlagen erwischt sie den Übeltäter. Sie reißt ihn zu Boden und verpasst ihm eine Ohrfeige. Inzwischen ist die Aufsicht führende Lehrerin herbeigeeilt.

„Wirst du wohl, du kleines Biest! Lass ihn los!" Susann lässt von ihrem Opfer ab. Sie weint leise. Was hat sie nun verkehrt gemacht? Sie hat doch bloß ihre Freundin verteidigt! „So was geht gar nicht!", empört sich die Lehrerin. „Wo ist eigentlich das Blatt mit der Belehrung für den Ausflug? Warum haben ihn deine Eltern nicht ausgefüllt?" Susann zieht es aus der Tasche. Sie hat vergessen, es uns zu geben. „Naja.", schnaubt die Lehrerin. „Nach dieser Veranstaltung, die du dir heute geleistet hast, nehm ich dich sowieso nicht mit. Du kommst in eine andere Klasse."

Jetzt wird Susann aggressiv. Sie heult und schreit, so dass sich eine Gruppe von Schülern um sie bildet. „Feigling, Feigling", skandieren sie. Und „Keine Kloppe für Erstklässler!"

Da windet sich Susann frei. Sie rennt, was das Zeug hält, bis zum Schultor. Auf der Straße bleibt sie stehen. Die Klassenlehrerin, die Suann besonders mag, läuft ihr hinterher. Sie nimmt sie in den Arm, redet beruhigend auf sie ein, bis sie wieder in die Klasse mitkommt. Die Situation ist gerettet.

Ich sitze an diesem Nachmittag am Schreibtisch. Das Telefon klingelt. Es ist die Aufsicht führende Lehrerin. „Ich rufe an, um Ihnen mitzuteilen, dass Susann an dem Ausflug nächsten Dienstag nicht teilnehmen wird. Wir schließen sie von einer schulischen Veranstaltung laut Erziehungs- und Ordnungsmaßnahmenverordnung aus. Die Klassenkonferenz hat das heute Nachmittag beschlossen. Susann ist gewalttätig." Und sie erzählt mir den gesamten Hergang aus ihrer Sicht.

„Mir ist schon klar", antworte ich, „dass Sie das Recht dazu haben. Aber Susann ist nicht gewalttätig. Sie war nur in ihrem Gerechtigkeitsgefühl verletzt." „Und dann muss sie einen Mitschüler verprügeln? Das geht so nicht." „Ich will Susann nicht in Schutz nehmen,", versuche ich zu erklären, „aber bedenken Sie doch mal, was sie in ihrem Elternhaus erlebt hat. Sie hat mit ansehen müssen, wie ihr Vater ihre Mutter immer wieder tätlich angegriffen hat. Und sie hat miterlebt, wie ihre Schwester sich immer wieder schützend vor sie und ihre Mutter gestellt hat. Man nennt es Flashback, wenn sie ähnliche Situationen erlebt und dann sich selbst vergisst. Ich bitte Sie, lassen Sie sich Ihre Entscheidung nochmal durch den Kopf gehen und bestrafen Sie das Kind nicht für seine Vergangenheit!"

Ein Moment Ruhe am anderen Ende. Dann eine ruhige, fast versöhnliche Stimme. „In Ordnung, ich will es nochmal versuchen. Aber sie muss sich bei dem Schüler, den sie verprügelt hat, entschuldigen." Das ging nochmal gut. Dann spreche ich mit Susann über den Vorfall.

„Aber, Papa, ich war doch im Recht!", wehrt sie sich. „Susann, willst du mit auf den Ausflug?", frage ich sie ernst. „Ich darf doch sowieso nicht, das hat diese Lehrerin gesagt!", resigniert sie. „Doch, Susann, du darfst. Vorausgesetzt, du entschuldigst dich bei diesem Jungen." „Okay, mach ich", verspricht sie mir. Sie kuschelt sich an mich. „Du bist so lieb! Immer weißt du für Probleme irgend eine Lösung. Ich habe dich lieb." Am nächsten Tag ruft mich die Klassenlehrerin an und bestätigt: Susann darf mit fahren.

So ist Schule. Die Lehrer sehen eine Gewaltsituation, greifen sich den "Schuldigen" und verhängen Sanktionen. Wie sollen sie wissen, welche Abgründe aus den Erfahrungen in ihrer Kindheit das Verhalten traumatisierter Kinder beeinflussen. Sie müssen Disziplin und gewaltfreies Verhalten herstellen. In Klassen mit bis zu 28 Schülern bleibt da wenig Zeit zum Überlegen.

Es sind diese Situationen, die unsere traumatisierten Pflegekinder immer wieder verwirren und verstören. Sie haben wenig von einer kontrollierenden Instanz in ihrer Persönlichkeit. Deshalb müssen Pflegeeltern sie immer wieder schützen, müssen erklären, Situationen entschärfen. Das gehört zu unseren wichtigsten Aufgaben.

„Du bist nicht mehr meine Freundin!"

Susanns beste Freundin Celia hat sie heute schwer enttäuscht. „Halt die Schnauze!", hat sie ihr in einer Auseinandersetzung an den Kopf geworfen. „Ich habe kein Schnauze!", hat sie zurück geschrien. „Susann hat eine Schnauze!", intonierten die um sie versammelten Klassenkameraden. Susann ist tief verletzt und fühlt sich zurückgesetzt, anders als die anderen. Sie zieht Celia an den Haaren, schubst sie, bis sie hinfällt. „Gib mir das Freundschaftsband zurück!", schreit sie sie an. „Du bist nicht mehr meine Freundin!"

Da kommt die Klassenlehrerin hinzu. „Susann, so geht das nicht. Beruhige dich!", versucht sie die Situation zu entschärfen. Susann sitzt zusammengekauert auf einem Stuhl, die Tränen fließen ihr die Wangen herunter. „Celia ist doch deine Freundin. Willst du dich nicht mindestens bei ihr entschuldigen?" Susann nickt zustimmend. Es tut ihr leid, dass sie sich nicht in der Gewalt hatte. „Entschuldigung, ich wollte das nicht", flüstert sie. „Aber du hast auch Schuld. Ich habe keine Schnauze."

Das ging nochmal gut. Aber es zeigt, sie sensibel traumatisierte Kinder auf den leisesten Angriff reagieren. Nie haben sie gelernt, in Konfliktsituationen de-eskalierend zu reagieren. Im Gegenteil kennen sie in solchen Situationen nur gewaltsame Lösungen.

Eigentlich ist dieses Ereignis ein gutes Thema für die Therapie. Susann hat mir versprochen, das Problem mit Frau Meyer-Frankenfeldt anzusprechen. Aber es fiel ein Bus aus, sie kam zu spät und wurde von ihrer Therapeutin zurechtgewiesen. Sie hatte Angst, die Sache anzusprechen und damit das Vorhaben von Frau Doktor zu torpedieren. Ihre Persönlichkeit ist zu schwach.

Susanns Rechenmethode

Pflegeeltern sind häufig damit konfrontiert, dass ihre traumatisierten Pflegekinder rechenschwach sind. Dabei vermuten sie, dass der Grund für die Unkonzentriertheit die Traumatisierung ist. Jedoch müssen traumatisierte Kinder nicht rechenschwach sein und rechenschwache Kinder nicht unbedingt traumatisiert.

Susann soll Hausaufgaben für Mathe machen. Vier mal fünf Aufgaben stehen da in einem Päckchen. Wie die Lehrer wissen, für gute Schüler eine Arbeit von zehn Minuten, für schwache etwa eine halbe Stunde. Für Susann nicht zu bewältigen.

Wir machen uns an die erste Aufgabe. Sie lautet: 25+18=?

Susann beginnt, an den Fingern abzuzählen. Dabei nimmt sie den Daumen der linken Hand als 25. Dann zählt sie hoch. Beim Zehnerübergang auf 30 bleibt sie hängen.

„Susann, merkst du, dass das nicht geht?", kritisiere ich. „Mach es ohne Finger." „Das kann ich nicht", widerspricht sie.

Das Fingerrechnen ist ja eigentlich nicht verkehrt, aber es zeigt, dass das Kind eben keine abstrakte Vorstellung von Zahlen hat und daher nicht ohne Hilfe rechnen kann. Außerdem beinhaltet die Methode einen Fehler: Da bei der vorgegebenen Zahl angefangen wird, hoch zu zählen, kommt ein falsches Ergebnis heraus.

„Was ist denn der nächste volle Zehner nach 25?" Susann stutzt. Sie hat keine Vorstellung von diesem Begriff. Was um Himmels Willen sind Zehner? Und können Zehner auch leer sein oder halb voll? Aber es hört sich irgendwie wie Zehn an. „Zehn" ist die folgerichtige Antwort.

„Ist das weniger oder mehr als zwanzig?", will ich von ihr wissen. „Wozu muss ich das wissen? Es steht nicht in der Aufgabe!" „Susann, welcher Zehner kommt nach 25?" Susann zählt: „Zehn, zwanzig – dreißig!" „Und danach?" „Zehn, zwanzig, dreißig – vierzig!"

„Sehr schön", freue ich mich. „Was ist also 25 plus 18?" Susann zückt die Hände. „Mach´s mal ohne Finger", weise ich sie an. Susann ballt ihre Finger zu Fäusten und starrt an die Decke. Dabei wippt sie achtzehn mal mit dem Kopf. Sie zählt. „Zweiundvierzig!", ist die verblüffende Antwort. Sie hat die 25 mitgezählt.

„Dann machen wir das anders", beschließe ich. „Rechne mal die Zehner und die Einer zusammen. Was kommt dabei heraus?" Susann rechnet auf ihrem Schmierzettel. Sie rechnet 2+1=3. Dann rechnet sie 5+8=13. In ihr Aufgabenheft hinter die Aufgabe schreibt sie 313.

„Susann, sieh dir doch mal dein Ergebnis an. Runde mal 25 und 18 auf die nächsten Zehner auf." „Dreißig und zwanzig", kommt das Ergebnis nach einigem Nachdenken. „Wenn du dreißig und zwanzig zusammenrechnest, was kommt dabei heraus?" „Warum muss ich das rechnen? Das steht nicht in den Aufgaben!", beschwert sich Susann erneut. „Daran kannst du erkennen, dass nicht einmal beim Überschlag eine Zahl herauskommt, die über Hundert liegt. Es ergibt nämlich fünfzig." „Na und?", bockt Susann. „Ich habe die Aufgabe gerechnet." „Aber das Ergebnis ist falsch", stelle ich fest.

Susann bricht in Tränen aus. „Ich verstehe das nicht, ich bin eben doof", resigniert sie. „Nein, du bist nicht doof. Gib mir mal die Tüte mit den Erdnüssen." Susann holt die Erdnüsse vom Regal. „Zähl mal fünfundzwanzig Erdnüsse ab." Das klappt. „Und nun mach einen anderen Haufen mit achtzehn Erdnüssen. Und dann packst du beide Haufen zusammen. Zähl sie durch. Wie viel sind das?" Susann strahlt. „Dreiundvierzig!" Dann verfinstert sich ihr Gesicht. „Ich kann doch in der Klassenarbeit nicht mit Erdnüssen rechnen!"

Da hat sie Recht. Sie ist in Mathe für diese Klassenstufe nicht geeignet. Wie sollen wir dieses Problem nur angehen? Ich muss ihr wieder einen Zettel mitgeben, auf dem ich erkläre, dass Susann die gesamten Aufgaben nicht schafft.

Wie wenig sie die rechnerischen Probleme durchschaut, zeigt die Beschäftigung mit einer Textaufgabe. Die Aufgabe lautet:

Dein Papa kauft im Supermarkt sechs Kisten Mineralwasser In jeder Kiste sind sechs Flaschen. Stelle die Aufgabe und beantworte sie. Die Lösung soll sein: Wie viel Flaschen kauft Papa? Die Antwort lautet: 36.

Susanns Aufgabenstellung: „Wie viel muss mein Papa bezahlen? Ihre Rechnung: 6+6=12 Ihre Antwort: Er bezahlt 12 Euro

Rechenschwäche ist keine Frage des fehlenden Willens oder von Dummheit. Diese Kinder können sehr gut logisch denken. So fragen sie sich bei Hilfestellungen, warum sie Aufgaben rechnen sollen, die sie in keinem Zusammenhang mit der ursprünglichen Aufgabe sehen. Was ihnen fehlt, ist die Fähigkeit, zu abstrahieren. Dies ist eine Lernbehinderung, die sorgfältig diagnostiziert und ausgeglichen werden muss.

Kampf gegen das Jugendamt

Totaloperation

Sowohl verzweifelte Pflegeeltern als auch leibliche Eltern wenden sich manchmal an das Jugendamt, um spontan Hilfe zu bekommen. Leider ist die Hilfe der Jugendämter manchmal sehr wenig der Situation angemessen und nicht an den Bedürfnissen in der Konfliktsituation orientiert.

Ein solcher Konflikt tut sich heute bei uns auf. Ich entdecke, dass mir 30 € aus meinem Portemonnaie fehlen. Susann gibt zu, dass sie es war. Ruth und ich sind ziemlich aufgebracht. Warum tut sie das immer wieder? Was können wir tun, um es zu verhindern?

Susann sitzt leise weinend in ihrem Zimmer, Jeannett ist bei ihr. Wir kennen die Gründe, die Tatsache, dass Susann sich wieder in ihrer Alltagspersönlichkeit befindet und nicht mehr in ihrem traumatischen, emotionalen Persönlichkeitsanteil. Sie leidet unter ihrem eigenen Verhalten.

Also beschließen wir, jetzt das Jugendamt in die Pflicht zu nehmen. Wir rufen Frau Schilling an. „Frau Schilling, wir sind hier in einer äußerst konfliktreichen, emotional aufgeladenen Situation", erkläre ich ihr. „Susann hat uns zum wiederholten Male bestohlen, wir kennen die Gründe, aber wir sehen keinen Ausweg mehr. Wir brauchen jetzt und unmittelbar Hilfe."

Stille am anderen Ende der Leitung. Dann ein Vorschlag, der uns die Haare zu Berge stehen lässt. „Soll ich die Kinder in Obhut nehmen lassen?"

Wir sind geschockt. Damit haben wir nicht gerechnet. Wir dachten daran, endlich eine Traumatherapie bewilligt zu bekommen, endlich und bereits morgen, durch die Möglichkeiten, von denen wir annahmen, dass sie das Jugendamt hätte.

Ich gebe zu, dass wir die Möglichkeit in Erwägung ziehen. Aber beide? Warum das? Gäbe es nicht die Möglichkeit, jetzt die beiden Kinder zu trennen, für Susann eine neue Pflegefamilie in der Nähe zu finden, damit beide Kinder sich nicht fortwährend gegenseitig triggern?

„Gäbe es nicht die Möglichkeit, dass Susann uns allein verlässt und in einer Pflegefamilie in der Nähe untergebracht wird?", schlage ich Frau Schilling vor. „Nein, das geht nicht", lehnt unsere Sachbearbeiterin schroff ab, „Die Kinder müssen zusammen bleiben. Das sind unsere Richtlinien." „Wir würden uns das gerne noch überlegen, können wir Sie innerhalb der nächsten halben Stunde nochmals erreichen?", erkundige ich mich. „Ja, ich erwarte Ihren Anruf", bestätigt Frau Schilling.

Ruth und ich setzen uns zusammen. Der Stress steht uns ins Gesicht geschrieben, wir zittern. „Das können wir nicht machen", überlege ich. „Beide Kinder sind an uns gebunden, es würde einen erneuten Bindungsabbruch bedeuten. Wer weiß, was danach kommt. Ich finde es einfach unmenschlich." „Nico", gibt Ruth zu Bedenken, „denk doch auch mal an uns. Wie lange wollen wir noch so leben? Ich kann das bald nicht mehr! Ich kann so nicht mehr leben. Ich fühle mich so hilflos!"

Ruth hat Recht. So geht es nicht weiter. Aber mir kommt eine weitere Idee. „Ich rufe jetzt Eileen vom Pflegeelternverband an. Sie weiß bestimmt eine Lösung."

Wir haben Glück und erreichen Eileen. Wir schildern ihr die Situation. „Wenn ihr irgend könnt, behaltet die Kinder, mindestens für ein oder zwei Tage. Wir finden eine Lösung, ich versprech´s", beschwört sie uns. „Wenn ihr die Kinder jetzt in Obhut gebt, könnt ihr sie genauso gut auf die nächsten Eisenbahngleise binden."

Sie hat Recht. Also beschließen wir, dieses merkwürdige Angebot abzulehnen und Frau Schilling davon in Kenntnis zu setzen. „Meinen Sie, Sie können mit der Situation umgehen?", fragt sie uns. Wir bejahen diese Frage mutiger, als uns zu Mute ist.

„Wir müssen jetzt etwas tun", dränge ich Ruth. „Lass uns ein Rollenspiel machen." Wir bitten Susann ins Wohnzimmer und setzen sie auf einen Stuhl. Jeannett und wir setzen uns um sie herum. „Susann, wie viel Taschengeld hast du?" erkundige ich mich. „Dreißig Euro" antwortet Susann bereitwillig. „Stell dir vor", fahre ich fort, „wir nehmen dir das Geld weg und teilen es uns auf. Jeder bekommt zehn Euro." „Und ich nehme dir dein rotes Sweatshirt weg, das du so magst", legt Ruth drauf. „Ich zerschneide dir dein Bettlaken", meldet sich auch Jeannett. „Ey, das dürft ihr nicht!", protestiert Susann."Wie fühlst du dich jetzt?", frage ich sie. „Ihr seid die, die ich am meisten lieb habe", gibt Susann zurück, „ich hätte das nie von euch gedacht!" „Da hast du Recht", stimme ich ihr zu. „Kannst du dir vorstellen, wie ich mich jetzt fühle?"

Susann blickt ernst zu Boden. „Ich weiß nicht, warum ich so was mache. Irgendwie bin ich dann nicht mehr ich selbst. Ich will versuchen, so was nicht mehr zu machen", verspricht sie. Wir lösen die Runde auf und lassen den Abend mit einem Abendessen ausklingen. Die Stimmung ist entspannt.

Es ist unglaublich. Das Jugendamt kann nicht helfen, wenn Pflegeeltern in einer ausweglosen Situation sind. Die Sachbearbeiter handeln in einer Weise, die sie wohl professionell nennen und dies auch von Pflegeeltern erwarten. Tatsächlich ist diese Handlungsweise unmenschlich. Ständig hat man das Gefühl, dass sie einem Vorwürfe machen, anstatt wirklich professionell und kreativ an der Problemlösung mitzuarbeiten. Wieder einmal fühlen wir uns allein gelassen.

Beistandsregelung ausgehebelt

Hilfeplangespräche sind für Pflegeeltern zu allermeist Stress. Sie werden von den Jugendämtern häufig im Unklaren darüber gelassen, worum es in dem Gespräch geht und dass sie eine weitere Person als Beistand mitbringen dürfen:

SGB X, § 13:

(4) Ein Beteiligter kann zu Verhandlungen und Besprechungen mit einem Beistand erscheinen. Das von dem Beistand Vorgetragene gilt als von dem Beteiligten vorgebracht, soweit dieser nicht unverzüglich widerspricht.

Mitunter versuchen Jugendämter sogar, diese Regelung bewusst auszuhebeln. So haben wir es auch erfahren müssen.

Es war Eileen vom Pflegeelternverband, die uns auf diese Möglichkeit hinwies und wir haben sie gerne in Anspruch genommen. Es war schnell besprochen und beschlossen: Eileen wird beim Hilfeplangespräch mit zugegen sein.

Ein kleiner Raum, ein Konferenztisch, eine Armada an "Fach"leuten erwartet uns: Frau Sossna, die Familienhelferin, ihr Teamleiter, die begutachtende Ärztin des Landkreises, eine weitere Mitarbeiterin des Landkreises, die sich angeblich besonders gut mit traumatisierten Kindern auskennt und Frau Schilling, unsere Sachbearbeiterin, die das Gespräch leiten wird. Wir betreten den Raum und stellen Eileen als unseren Beistand nach § 13 SGB X vor. Frau Schillings Gesichtsausdruck wandelt sich von unbeteiligt zu offen feindselig.

Immerhin dürfen wir alle Platz nehmen. Die anderen Teilnehmer am Gespräch werden uns vorgestellt. Als die Reihe an Eileen ist, begründet sie ihre Anwesenheit:

„Ich bin die stellvertretende Vorsitzende des Pflegeelternvereins. Wir kümmern uns in besonderem Maße um traumatisierte Kinder. Ich sehe meine Aufgabe darin, als neutrale Person meine Erfahrungen einzubringen und vermitteln zu können."

Frau Schilling setzt ihren bösesten Gesichtsausdruck auf. „Leider kann ich einen Beistand nicht zulassen", erklärt sie. „Der Kindesvati kann heute nicht dabei sein, er fühlt sich nicht wohl. Wir haben nicht die Zustimmung zur Teilnahme fremder Personen am Hilfeplangespräch. Es ist eine Sache des Schutzes sozialer Daten." „Wir weisen darauf hin, dass unser Recht im SGB X festgeschrieben ist", widerspreche ich. „Wir bestehen auf der Anwesenheit unseres Beistandes." „Unter diesen Bedingungen führe ich kein Hilfeplangespräch durch", insistiert Frau Schilling.

Wir sind uns unsicher. Was werden die womöglich ohne unsere Anwesenheit festlegen? Genau jetzt haben wir einen Fehler gemacht. Wir meinten, keine andere Wahl zu haben. Eileen verlässt den Raum.

Das hätte nicht sein müssen oder dürfen. Erstens unterliegen alle am Hilfeplangespräch Beteiligten der Geheimhaltungspflicht. Es hätte genügt, alle darauf hinzuweisen. Im Zweifel hätte Eileen eine Erklärung zu ihren Pflichten unterschreiben können. Die zweite Möglichkeit wäre gewesen, das Gespräch auf Grund der Nichteinhaltung von Gesetzen abzubrechen und für nichtig zu erklären.

„Wir kommen nun zur Hilfeplanung", hebt Frau Schilling erneut an. Ich liefere einen Bericht über die Entwicklung der Mädchen ab und geben einen perspektivischen Ausblick. Ich fordere die Einleitung einer Traumatherapie für beide und die rückhaltlose fachliche und finanzielle Unterstützung durch das Jugendamt.

Als nächstes ist Frau Sossna dran. Sie schildert ihre Aktivitäten mit den Kindern wie Hilfe bei den Hausaufgaben und betont ihr gutes Vertrauensverhältnis zu beiden Kindern und ihre Funktion als neutrale Vermittlerin zwischen den Kindern und uns. Danach hat die Ärztin das Wort.

„Es gibt gute Kliniken, die für Jeannett geeignet wären, sie stationär aufzunehmen. Eine zeitweise Trennung von der Pflegefamilie halte ich auch für angezeigt." „Das kommt für uns zu diesem Zeitpunkt überhaupt nicht in Frage", widerspreche ich. „Jeannett ist stabil, sie hat eine Bindung zu uns aufgebaut. Sie hat uns erklärt, dass sie nichts mehr entwenden wird. Deshalb können wir eine stationäre Aufnahme nicht befürworten." „Aber gerade in einer solch stabilen Phase", argumentiert die Ärztin, „würde eine stationäre Therapie besonders gut greifen." “"arum spricht hier eigentlich niemand über Susann, mit der die Schwierigkeiten viel größer sind?", insistiere ich.

Nun schaltet sich Frau Schilling ein. „Ich habe mit Frau Meyer-Frankenfeldt gesprochen", beginnt sie zu dozieren. „Sie hält eine Traumatherapie und einen Therapeutenwechsel für eher gefährlich. Schließlich müsste sich Susann auch erst an einen neuen Therapeuten gewöhnen und der Erfolg würde lange auf sich warten lassen. Es würde auch immer nur ein Teil des multiplen Traumas bearbeitet werden können. Susann ist gut aufgehoben in ihrer jetzigen Therapie. Ich sehe keine Notwendigkeit zur Veränderung.”

Gut nachgeplappert, Frau Schilling! Ohne Sachkenntnis, ohne Wissen um die Probleme. „Das ist nicht meine Aufgabe, ich weiß nichts über Psychologie, ich muss mich beraten lassen” ist die freizügige, entlarvende Antwort. „Aber es gibt schon gute Kliniken, in denen Jeannet gute Fortschritte machen würde”, mischt sich nun der fettleibige Teamleiter ein.

„Ich bleibe bei meiner Einstellung”, werde ich nun schärfer, „und ich werde mich auch jedem Versuch, Jeannett stationär unterzubringen, entgegenstellen. Dort hätte sie Kontakt mit Kindern, die wahrscheinlich wesentlich härter betroffen sind. Die Familie halte ich für die beste Therapie.” „Leider können wir den Kindesvati nicht nach seiner Ansicht befragen”, bemerkt Frau Schilling weinerlich. Was für ein Glück für uns! Denn der ist sowieso nicht entscheidungsfähig und würde in der hiesigen Situation nur aufgerieben.

Worauf man sich einigt, ist einzig die Fortsetzung der Familienhilfe. Wir widersprechen Jeannets stationärer Aufnahme, das Jugendamt verweigert die Traumatherapie. Von “Hilfe”planung kann niemand reden; es ist ein ungleicher Kampf, in dem wir uns einigermaßen geschlagen haben.

Was können wir daraus lernen?

- Jugendämter sehen Pflegeeltern häufig als ihre Erfüllungsgehilfen.
- Notfalls werden auch Gesetze verbogen, um Ansprüche der Pflegeeltern abzuwehren.
- Pflegeeltern werden als fachlich unqualifiziert und inkompetent abgestempelt.
- Es wird nicht davor zurückgescheut, sich als Jugendamt als inkompetent darzustellen, um kostenintensive Maßnahmen zu verhindern.
- Es geht nicht um das Kindeswohl, sondern um die Durchsetzung der Vorstellungen des Jugendamtes.
- Kein Ergebnis ist besser als eins, das Geld kostet und das man nicht haben will.

Dieses Hilfeplangespräch hat uns die Augen geöffnet. Es herrscht offene Feindseligkeit gegenüber uns. Es gibt keine Absicht, mit uns zusammen zu arbeiten. Die Aussperrung unseres Beistandes, der Trägerin der Verdienstmedaille des Verdienstordens der Bundesrepublik Deutschland, ist ein Affront, wie er schlimmer nicht vorstellbar ist. All das zeigt die Ignoranz und Arroganz dieses Amtes gegenüber Pflegeeltern und ihren Interessenvertretern.

Gegen den Entzug des Sorgerechts

Bestimmte Anlässe zeigen den Pflegeeltern traumatisierter Kinder, wie das Jugendamt sie Wert schätzt. Besonders wenn die Pflegeeltern aus pädagogischen Berufen stammen und sich ihre eigenen Fortbildungen und Informationsquellen suchen, finden manche Ämter das nicht mehr lustig. Anlässlich von

Sorgerechtsverhandlungen zeigen sie unverhohlen, was sie von diesen Pflegeeltern halten. Es ist die beste Möglichkeit zu ergründen, auf wessen Seite sie stehen: Auf der Seite der traumatisierenden Eltern oder derjenigen, die ansatzweise versuchen, die Folgen zu mildern. Wir sind der Ansicht, dass der Kindesvater durch sein vernachlässigendes, traumatisierendes Verhalten seinen Anspruch auf das Sorgerecht seiner Kinder verwirkt hat.

Frau Schilling taucht, wie immer, völlig unvorbereitet in der Gerichtsverhandlung auf. Sie bringt eine Stellungnahme des Jugendamtes mit, die erst noch kopiert und den Anwesenden zur Kenntnis gebracht werden muss. Natürlich ist das volle Absicht. So kann sich niemand auf die "Argumente" vorbereiten und angemessen reagieren.

Der Bericht schildert zunächst die Hintergründe der Pflegschaft. Ebenfalls wird nicht vergessen, zu erwähnen, dass der Kindesvater "wegen guter Führung" vorzeitig aus der Haft entlassen worden ist. Dann erfolgt der Hinweis darauf, „dass die Pflegeeltern das Jugendamt darüber informierten, dass auf Empfehlung der Therapeutin von Susann ein begleiteter Umgang installiert werden sollte, um die Beziehung zu Susanns Vater aufzuarbeiten."

Zum damaligen Zeitpunkt wussten wir als Pflegeeltern noch nichts über die Folgen, die diese Umgangskontakte haben würden. Wir konnten uns einfach nicht vorstellen, was Vernachlässigung und Missbrauch für ein Kind bedeutet und welches Verhalten sie auslösen würden. Erst in Seminaren, die wir selbst bezahlten, haben wir erfahren, was das eigentlich bedeutet. Vorbereitung durch das Jugendamt und Unterstützung: Null. Eine Aufarbeitung der Umgangskontakte hat nie stattgefunden.

„Jeannett befand sich für etwas über ein Jahr in psychotherapeutischer Behandlung. Nach Angaben der Pflegeeltern wurde die Therapie auf Drängen der Therapeutin beendet, da Jeannett nicht bereit war, sich der Therapeutin gegenüber zu öffnen."

Falsch. Wir haben mit der Therapeutin gesprochen und sind einvernehmlich zu dem Schluss gekommen, dass die Fortsetzung der Therapie nicht sinnvoll erscheint. Frau Schilling kann sich natürlich nicht vorstellen, dass man mit Pflegeeltern auch wie mit normalen Menschen reden kann, wenn man sie nur hinreichend akzeptiert mit ihrer beruflichen Erfahrung und Intelligenz.

Folgt eine lange Liste von Anlässen, zu denen der Kindesvater seine Zustimmung gegeben hat, davon einige wie § 35a SGB VIII oder Opferentschädigungsgesetz, zu denen gar keine Zustimmung erforderlich gewesen wäre.

„Die Pflegeeltern könnten sich eine Traumatherapie für Jeanett vorstellen."

Falsch. Wir haben immer wieder darauf gedrungen, beide Kinder in einer EMDR-gestützten Traumatherapie unterzubringen. Dem Jugendamt ist das durch eine Vielzahl von Schreiben bekannt, in denen wir auf Unterstützung gedrungen haben.

„Jeannett verweigert zum momentanen Zeitpunkt diese Therapie."

Daher wäre es wichtig gewesen, vom Jugendamt in diesem Punkt Unterstützung zu bekommen. Es war offensichtlich, dass für Jeannett weitere Probleme anstehen.

„Herr Sodann hat bisher alle gesundheitlichen Maßnahmen, die für die Kinder notwendig waren, befürwortet. Einem Therapeutenwechsel für Susann hat Herr Sodann nicht zugestimmt. Eine Gefährdung für die Kinder im gesundheitlichen Bereich bestand nicht."

Falsch. Die gesundheitlichen Maßnahmen, denen der Kindesvater zustimmte, waren z.B. die Anfertigung von Zahnspangen. Jetzt aber, wo es ans Eingemachte ging, wo Vernachlässigung und Missbrauch ans Licht kommen könnten, widersprach er einer Therapie. Und die Gefährdung der Gesundheit der Kinder hat schon viel früher stattgefunden. Die Verweigerung einer Traumatherapie bedeutete für sie, dass sie bei einem unbehandelten PTBS weitere Persönlichkeitsstörungen entwickelten, wie z.B. das Borderline-Syndrom. Aber das Jugendamt weigert sich zugunsten der leiblichen Eltern, diese Gefahr realistisch einzuschätzen und überhaupt in Erwägung zu ziehen.

„Den Weg zur und von der Therapie muss Susann meist ganz allein bewältigen. Dabei wäre es wichtig, dass sie von ihren Pflegeeltern begleitet wird, um sie nach der Therapie aufzufangen und vielleicht auch zu trösten."

Falsch. Meist holte ich beide Kinder von der Therapie ab. Sie waren dann häufig sehr müde, aber reden? Trösten? Niemals. Häufig bin ich dutzende von Kilometern gefahren, um erst Susann und dann Jeannett zur Therapie zu bringen und wieder abzuholen. Wir empfinden diesen Vorwurf als Teil eines Feldzuges gegen uns, um zu verhindern, dass jemand anders als das Jugendamt womöglich das Sorgerecht bekommt.

„Das Jugendamt weist vor allem auf die Gefahr eines Therapeutenwechsels und des erneuten Bruchs, den Susann dadurch in einer Beziehung, die jahrelang besteht, erleiden würde, hin."

Dasselbe Jugendamt verweigert aber uns als Pflegefamilie alle Unterstützung und schreckt nicht davor zurück, uns anzubieten, die Kinder in Obhut zu nehmen, eine fünfjährige Bindung, falls sie dazu überhaupt fähig sind, abzubrechen.

„Der Pflegevater berichtete mir wiederholt, dass es schwierige erzieherische Situationen gab. Das Jugendamt hat wiederholt die Inobhutnahme der Kinder angeboten, sollten die Pflegeeltern ihrem Erziehungsauftrag nicht mehr gerecht werden können. Dies wurde von den Pflegeeltern stets abgelehnt. Der Pflegevater gab an, sie hätten ihre Grenzen erreicht, schon darüber hinaus".

Hier hat das Jugendamt einen Hilferuf völlig missinterpretiert. Wir wollten Hilfe, um die Kinder zu behalten, nicht, um sie zu verlieren. Es ist nichts weiter, als die Chance, uns vor Gericht zu diskreditieren. Frau Schilling geht zu diesem Zeitpunkt offensichtlich davon aus, dass wir das Sorgerecht haben wollen. Wie schon öfter hat sie unsere Schreiben und ihre Akten nicht richtig gelesen.

„Aus unserer Sicht könnten jedoch Probleme auftreten, wenn die Pflegeeltern zu Vormündern bestellt würden, da diese sich in einen Rollenkonflikt begeben müssten, der sich darin äußert, dass sie einmal als "gesetzliche Eltern" Entscheidungen treffen müssten und gleichzeitig in der Rolle der Pflegeeltern sind. Erfahrungsgemäß nimmt die Belastung im eigenen Familiensystem zu."

Falsch. Wo liegt da der Rollenkonflikt? Ganz im Gegenteil fragen sich Pflegekinder, warum ihre (Pflege-)eltern nicht über Dinge wie Operationen, Schulabschlüsse oder die Ausstellung von Personalausweisen bestimmen können. Sie sind dadurch in eine andere Position gerückt als leibliche Kinder. Wenn Kinder in ihren Familien leben, ist die Ausübung des Sorgerechtes durch die Eltern völlig normal und es kommt zu keinem Rollenkonflikt. Warum also sollte die Belastung im einen Familiensystem zunehmen? Solange sich die leiblichen Eltern nicht in die Erziehung einmischen, gibt es keinen Grund für die Zunahme einer Belastung.

Aber wir verstehen schon, auf welchem Hintergrund diese Argumentation steht: Pflegeeltern sollen füttern und kleiden und nicht mehr. Es ist eben die typische Argumentation des Jugendamtes, abgeschrieben aus irgend einem Lehrbuch.

„Ein Eingriff in das Sorgerecht wird aus diesem Grund durch uns nicht als notwendig angesehen."

Das heißt: Das Jugendamt steht zum Kindesvater. Es bezieht Position gegen die Pflegeeltern. Damit ist das Urteil des Gerichtes nur noch Formsache.

„Bei möglichem Ausschluss des Umgangs ist mit einer zunehmenden Entfremdung der Kinder vom Kindesvater zu rechnen. Sie würden damit automatisch in einen Loyalitätskonflikt zwischen Kindesvater und Pflegeeltern geraten, da sie keine der beiden Parteien verletzen wollen."

Falsch. Der Loyalitätskonflikt wird nicht durch die Pflegeeltern ausgelöst, sondern durch den Kindesvater, der seine Kinder als sein Eigentum betrachtet und zunehmend an ihnen herumzerrt. Die Annahme, dass die Kinder ihrem Vater gegenüber Loyalität zeigen wollten, ist pure Spekulation. Warum sollten sie das tun, angesichts der Tatsache, dass er die größte Katastrophe im Leben seiner Kinder verursacht hat?

„Es wird empfohlen, bei einem eventuellen Eingriff in das Sorgerecht dieses auf das Jugendamt zu übertragen, da dieses eventuelle Spannungen zwischen den Pflegeeltern und dem Kindesvater sachgerechter behandeln würde und eventuelle Zwistigkeiten durch entsprechende Beratung der Pflegeeltern und dem leiblichen Vater aus dem Wege räumen könnte. Auf diese Weise würden die Kinder nicht in ein eventuelles Spannungsverhältnis zwischen Pflegeeltern und Kindesvater geraten."

Völlig unbegründet. Wer sagt, dass das Jugendamt Konflikte zwischen Pflegeeltern und leiblichen Eltern sachgerechter behandeln würde? Und was hat das mit dem Sorgerecht zu tun, das ja nichts mehr ist, als eine juristische Größe? Und würde das Jugendamt uns nicht mehr beraten, wenn wir das Sorgerecht hätten? Was hat das miteinander zu tun? Wenn die Kinder ihre Pflegefamilie nach Jahren als Familie akzeptiert hätten, warum sollten sie dann in ein Spannungsverhältnis geraten?

Auch ohne Sorgerecht der Pflegeeltern können Pflegekinder in einen Loyalitätskonflikt geraten, wenn die leiblichen Eltern diesen nur intensiv genug betreiben und die Pflegeeltern diskreditieren, anstatt sie zu unterstützen. Besonders traumatisierte Kinder sind dafür anfällig, wenn sie in der Pubertät nach neuen Rollen und einer neuen Identität suchen. Aber die leiblichen Eltern tun ihren Kindern damit keinen Gefallen, sondern verschlimmern nur noch deren Situation.

Was dahinter steckt: Das Jugendamt will auf jeden Fall verhindern, dass wir das Sorgerecht bekommen. Dass wir es gar nicht haben wollen, sondern es auf Eileen vom Pflegeelternverband übertragen sehen wollen, ist nicht angekommen. Wir wollen einen Einzelvormund, wie es das Gesetz vorsieht. Aber auch das wird das Jugendamt nicht wollen. Tatsächlich will Frau Schilling uns nicht gestärkt sehen. Leibliche Eltern sind eben leichter zu führen als so manche Pflegeeltern. Dafür schreckt sie nicht davor zurück, uns als unfähig darzustellen.

Eines ist klar: Das Jugendamt steht mehr auf der Seite des Kindesvaters als auf unserer Seite. Nicht dass wir das nicht schon wüssten. Aber es ist eine unschöne Erfahrung, es so deutlich schwarz auf weiß präsentiert zu bekommen.

Eine wahre „Amtshilfe“

Wenn Pflegeeltern etwas für ihre Pflegekinder tun wollen, müssen sie sich manchmal auf enorme, unbegründete Vorwürfe einstellen. Wenn sie Pech haben, machen leibliche Eltern und Jugendämter dabei noch gemeinsame Sache. So hat unser Jugendamt das für den Kindesvater zuständige Jugendamt um Amtshilfe ersucht. Das Ergebnis ist für uns als die Pflegeeltern ernüchternd.

Hier das Schreiben des Jugendamtes des Kindesvaters:

“Herr Sodann erschien in Begleitung seiner Lebensgefährtin. Herr Sodann sprach sich vehement und sehr emotional gegen den Umgangsausschluss und den Sorgerechtsentzug in Bezug auf seine Töchter aus.“

Wer hätte das gedacht! Es geht ihm nur um die Wahrung seiner Rechte, die beiden Mädel spielen für ihn nicht die Spur einer Rolle. „Emotional” soll wohl heißen, dass er sehr laut geworden ist. Die Rolle seiner Lebensgefährtin wird noch später deutlich werden.

„Herr Sodann bestreitet, dass die Kinder nach dem Kontakt mit ihm retraumatisiert werden. Er hätte sich gewünscht, dass dieser Sachverhalt, genau wie die Themen Umgangsausschluss und Sorgerechtsausschluss mit ihm im Vorfeld besprochen worden wären.“

Warum sind diese Themen, die wir bei Frau Schilling oft genug angemahnt haben und die auch Gegenstand von Hilfeplangesprächen waren, nicht angesprochen worden? Es sind doch nicht die Pflegeeltern, die dafür zuständig sind, sondern die

Ämter. Der Vorwurf aber geht gegen uns und lässt uns in einem schlechten Licht erscheinen. Das ist auch die Absicht hinter der Aktion. Wir hätten nach Ansicht der Jugendämter den Kindesvater informieren müssen. Für die Sachbearbeiter wäre das natürlich megapeinlich.

„Der Kindesvater hatte bei den telefonischen Kontakten nicht den Eindruck, dass diese sich negativ auf die Kinder ausgewirkt hätten. Sie hätten sich gefreut und viel erzählt.“

Entweder die Telefonate waren von minutenlangem Schweigen geprägt oder, je nach psychischem Zustand, waren die Kinder aufgedreht, hysterisch, versuchten sich gegenseitig mit Geschichten zu überbieten. Nach den Kontakten zeigten sie tagelange Dissoziationen, wussten nicht, wer und wo sie sind, fielen in den schulischen Leistungen ab. Das will der Kindesvater natürlich nicht wahr haben.

„Der Kindesvater vermutet, dass die Pflegeeltern die Kinder unter Druck setzen und die Kinder aus diesem Grund nicht alles erzählen. Die Kinder könnten jeden Tag bei ihm anrufen, aber das würden die Pflegeeltern nicht erlauben.“

Der Vorwurf, dass die Pflegeeltern die Pflegekinder brutal unterdrücken, sie ihren leiblichen Eltern entfremden und sie ganz für sich haben wollen, ist nicht neu. Leibliche Eltern und Jugendämter blenden dabei geflissentlich aus, was die Eltern dieser bemitleidenswerten Kinder diesen angetan haben. Dinge, die sie ihr Leben lang nicht mehr vergessen werden und die sie ein Leben lang benachteiligen werden. Dinge, die sie nicht verdient haben. Dinge, die die Pflegeeltern beurteilen können, aber kein Jugendamtssachbearbeiter und schon gar kein Kindesvater. Statt dessen sind die Pflegeeltern die Bösen, die den Kontakt zu den leiblichen Eltern aus Selbstsucht unterbinden wollen. Wäre es nicht um die glücklichen Momente der Kinder, um eines unbeschwerten Lachens wegen, um eines kleinen Fortschritts wegen, der die Kinder wieder in die Gesellschaft zurückführen könnte, wir würden diesen selbstgerechten Personen diese schwere Aufgabe vor die Füße werfen.

„Herr Sodann hat den Eindruck, dass die Pflegeeltern oft nicht zu Hause sind und die Kinder sich im Hort befinden.“

Ja, Herr Sodann, so ist das, wenn man einer Berufstätigkeit nachgeht, in der man auch gebraucht wird und die einem Erkenntnisse über die gesellschaftliche Realität vermittelt. Als ALG-II-Empfänger ist das sicher schlecht nachzuvollziehen. Wenn man sich dazu noch für unfehlbar in der Kindererziehung hält, erschließt sich einem der erzieherische Wert einer Hortgruppe sicher auch nur minimal.

„Herr Sodann wollte anlässlich des letzten Hilfeplangespräches die Erweiterung der Umgangsregelung ansprechen. Aus gesundheitlichen und finanziellen Gründen konnte sie jedoch am anberaumten Termin nicht teilnehmen. Er hat dies mit dem zuständigen Jugendamt abgesprochen und sich versichern lassen, dass er den Hilfeplan nach Fertigstellung erhalten werde und es nicht schlimm sei, wenn er nicht kommen könne.“

Uns kommen die Tränen. Natürlich hat Herr Sodann bei Frau Schilling bereits angemahnt, dass er seine Kinder wieder regelmäßig sehen wollte, ohne Rücksicht darauf, wie es den Kindern dabei geht. Natürlich hat es Frau Schilling da mit der Angst zu tun bekommen, was passiert, wenn der Kindesvater und wir in diesem Punkt aufeinandertreffen und ob sie diese Situation noch im Griff behalten könnte. Da fragt man schon einmal nach dem Befinden und rät, besser zuhause zu bleiben, wenn es nicht gut geht und nimmt die Angst vor eventuellen Konsequenzen, insbesondere vor den Pflegeeltern. Es ist natürlich auch schlecht, wenn man mit wenig Geld auskommen muss und das bereits wenige Tage nach Auszahlung weg ist, weil man mit Geld nicht umgehen und etwas zurücklegen kann.

„Herr Sodann ist bereits im Pflegekinderdienst vorstellig geworden mit dem Ziel, dass die Kinder in eine Einrichtung seiner Nähe verlegt werden könnten, damit er sie öfter besuchen könnte."

Die Antwort des Jugendamtes hätte uns interessiert. Wir gehen davon aus, dass Frau Schilling der Idee nicht abgeneigt wäre. Es wäre der Schlag durch den gordischen Knoten. Erstens wäre sie aufsässige Pflegeeltern los und zweitens würde es eine finanzielle Entlastung in Größenordnungen bedeuten. Nur eines bleibt auf der Strecke: Das Kindeswohl. Oder anders: Das Wohlergehen der Kinder interessiert von den Beteiligten nur uns, weshalb es wichtig ist, uns als die Pflegeeltern und Antragsteller zu demontieren.

„Der Kindesvater möchte die Kontakte zu seinen Töchtern beibehalten und intensivieren und weiterhin das Sorgerecht für beide Kinder ausüben. Es ist im Interesse des Kindesvaters, auch weiterhin in Gespräche und Entscheidungen einbezogen zu werden."

Der leibliche Vater unserer beiden Kinder hat nur ein Ziel: Das Gefühl, die Zukunft seiner Kinder zu beeinflussen. Das dazu adäquate, verfügbare Mittel ist das Sorgerecht. Er will immer mehr Einfluss bekommen und ausüben. Dabei wäre das Sorgerecht dazu nicht notwendig. Als Kindesvater hat er eh das Recht, an Hilfeplangesprächen teilzunehmen. Die Argumentation des Jugendamtes zielt auf eine richterliche Entscheidung für den Kindesvater ab.

„Da der Kindesvater den Verbleib in der Pflegefamilie einsieht, ist es aus Sicht des für ihn zuständigen Jugendamtes nicht erforderlich, dem Kindesvater das Sorgerecht zu entziehen. Mit Herrn Sodann kann sicherlich erarbeitet werden, dass derzeit das Umgangsrecht nicht ausgeübt werden kann."

Hat jemand je eine schönere Rolle rückwärts gesehen! Der Kindesvater hat zugestimmt, dass seine Töchter in Pflege bleiben, das Jugendamt würde im Gegenzug den Pflegeeltern in der Umgangsregelung entgegenkommen, dann wäre der Entzug des Sorgerechtes nicht nötig. Es findet keine Beachtung, dass der Kindesvater intellektuell gar nicht in der Lage ist, das Sorgerecht in vollem Umfange auszuüben, Entscheidungen sollen vorbereitet und die Zustimmung eingeholt werden. Was für ein Unsinn!

So langsam lernen wir die Entscheidungskanäle kennen, die im Elternrecht relevant sind und die Hunde, die wir geweckt haben, bellen laut und schnappen nach uns. Wir begreifen, dass es hier nicht um das Wohl der misshandelten, vernachlässigten Kinder geht, sondern um das Recht ihrer Eltern.

Der Anwalt nimmt Stellung

Pflegeeltern erfahren immer wieder, dass leibliche Eltern sich weigern, das Sorgerecht abzutreten, obwohl sie ihr Recht nur noch selten fachgerecht und zum Wohl ihrer Kinder ausüben können. Viel mehr erinnert der Gebrauch des Sorgerechtes an einen Krieg gegen die Pflegeeltern. Zu diesem Zweck können sie unter der Bedingung der Mittellosigkeit kostenlos einen Anwalt hinzuziehen, während die Pflegeeltern ihren Anwalt bezahlen müssen.

In unserem Falle nimmt der Anwalt des Kindesvaters Stellung. Er ist sich offenbar gewiss, dass er das Elternrecht auf seiner Seite hat und gibt sich bei der Argumentation keine nennenswerte Mühe.

Hier die wichtigsten der haarsträubenden Argumente:

„Der versuchte Totschlag erfolgte vor neun Jahren. Die Tat haben die Kinder mehr oder weniger zufällig erlebt, da sie sich zu Besuch bei ihrem Vater zu Weihnachten aufhielten."

Was dahinter steht: Die Kinder sollten die Tat gar nicht miterleben, der Kindesvater kann nichts für die Traumatisierung der Kinder. Kein Wort über die jahrelangen Vernachlässigungen der Kinder durch die Eltern. Kein Wort darüber, dass beide Elternteile offensichtlich unfähig waren, ihre Kinder zu erziehen.

„Nur der Vollständigkeit halber wird angemerkt, dass die Kindesmutter, die Opfer der Tat war, wieder gelegentlich Kontakt zum Antragsgegner hatte, nachdem dieser seine Freiheitsstrafe verbüßt hatte."

Was dahinter steht: So schlimm kann doch die Tat gar nicht gewesen sein, wenn die Kindesmutter wieder Kontakt zum Täter hat, offensichtlich hat sie ihm vergeben und die Tat ist durch die Sühne quasi ungeschehen.

„Seit sechs Jahren leben die Kinder nun bei ihren Pflegeeltern. Die Frage muss gestellt werden, weshalb es jetzt unbedingt notwendig ist, nach so langer Zeit dem leiblichen Vater das Recht und die Pflicht zur elterlichen Sorge zu entziehen."

Antwort: Lieber Herr Anwalt, der Fall liegt ganz klar. Eigentlich hätte das Sorgerecht schon vor Verbüßung der Freiheitsstrafe entzogen gehört. Das ist wohl amtsseitig versäumt worden. Nun, da der Kindesvater Hunderte von Kilometern entfernt wohnt und mitunter nicht auffindbar ist, wenn es gilt, Entscheidungen über die Installation einer Traumatherapie treffen zu müssen, oder aber auch nur über eine Schulzurückstellung oder den künftigen Bildungs- oder Berufsweg entschieden werden muss, wäre es nur logisch, wenn die elterliche Sorge in einer Hand am Wohnort der Kinder zusammengefasst wäre. Dass die Vermögenssorge nicht bei Ihrem Mandanten verbleiben kann, damit die Opferentschädigungsrente nicht an den Täter und Verursacher der multiplen Traumata zurückfließt, dürfte offensichtlich sein.

„Das angesprochene sexualisierte Verhalten von Jeannett kann dem Antragsgegner nach so vielen Jahren gewiss nicht angelastet werden. Gleiches gilt für etwaige Mängel im Sozialverhalten und Bindungsverhalten. Immerhin leben die Kinder bereits eine lange Zeit im Haus der Antragsteller."

Falsch und unlogisch. Der Anwalt geht offenbar - vermutlich wider besseres Wissen und nur um den Preis irgend eines Argumentes, sei es auch noch so abstrus – davon aus, dass sich eine traumatische Erfahrung verwächst, abschwächt und mit ihr die Symptome verschwinden. Alle Psychotherapeuten, egal welcher Richtung, sind sich jedoch darin einig, dass multiple Traumatisierungen und Vernachlässigung dauerhafte, irreparable Schäden in der Psyche eines Kindes hinterlassen, mit denen es sich zeitlebens herumschlagen muss. Da uns als Pflegeeltern den Vorwurf zu machen, wir hätten es in solch langer Zeit nicht geschafft, die Situation der Kinder zu verbessern, ist der absurde Versuch, uns und unsere Arbeit zu diskreditieren.

„Der Antragsgegner hat stets mitgewirkt, wenn gesundheitliche Maßnahmen anstanden. Für die Entziehung der Gesundheitssorge besteht daher kein Anlass."

Eine dreiste Lüge. Natürlich hat der Kindesvater notwendigen Operationen oder den Zahnspangen zugestimmt. Als es jedoch darum ging, bei den Kindern eine Traumatherapie einzuleiten, damit sie ihre Verletzungen bearbeiten können, hat er die Zustimmung kategorisch verweigert.

„Seit einem Jahr besteht kein persönlicher Umgang mehr mit den Kindern. Dies ist auf den ausdrücklichen Wunsch der Pflegeeltern zurückzuführen. Es bestand ausnahmslos telefonischer Kontakt. Aber auch dieser wurde seitens der Pflegeeltern unterbunden."

Halbwahrheit! Therapeuten und Fachleute haben uns bestätigt, dass es für die Kinder eine Retraumatisierung bedeutet, dem Täter und traumatisierenden Elternteil gegenüber zu treten. Letztlich haben sie den Umgang verweigert. Nach Telefonaten zeigten sie erhebliche Krankheitssymptome. Jeder Kontakt widersprach dem Kindeswohl in einer kaum beschreibbaren Weise.

„Es ist jedenfalls nicht gerechtfertigt, dem Umgang oder den sonstigen Kontakt des Antragsgegners mit den Kindern völlig auszusetzen."

Unbegründete Behauptung. Alle durch den Anwalt des leiblichen Vaters vorgetragenen Argumente sind durch die Wissenschaft und alle Erfahrungen eindeutig widerlegt.

Wir sind schockiert von der Naivität und der Dreistigkeit der Äußerungen des Anwalts, der den Kindesvater versucht, reinzuwaschen, bei ihm nicht die Spur einer Schuld sieht und uns statt dessen versucht, zu diskreditieren und uns die Verantwortung für die Krankheitssymptome der Traumatisierungsfolgen zuzuschieben. Auf primitive, populistische Art versucht er das Gericht zu beeinflussen und greift uns unverblümt an. Es ist unglaublich, dass das Jugendamt uns als Pflegeeltern, für die es doch da sein sollte, derart fallen lässt, anstatt uns zu unterstützen und zu verteidigen. Aber das gehört offensichtlich zum Spiel.

Das Gericht tagt

Wenn Pflegeeltern wegen ihrer Pflegekinder vor Gericht ziehen, sind ein paar hundert Euro locker drin. Sie zahlen es aus der eigenen Tasche, aber sie tun es, um die Bedingungen für die Kinder zu verbessern oder um Vorhaben der leiblichen Eltern, die ihren Kindern schaden könnten, abzuwehren.

Seit einiger Zeit versuchen wir, das Sorgerecht für unsere Kinder neu zu regeln. Leider stoßen wir dabei weder auf das Verständnis der Jugendämter noch des sorgeberechtigten Vaters. Nun ist der Tag gekommen, an dem sich alle vor Gericht treffen.

Die Richterin sitzt auf einem erhöhten Podest, einer Bühne vergleichbar. Vor der Richterin befinden sich mehrere Tische, in einem stumpfen Winkel angeordnet. Der Vater sitzt gemeinsam mit seinem Anwalt, wie wir auch auf der anderen Seite, dem Gericht zugewandt, aber so, dass sich die Parteien auch teilweise ins Gesicht blicken können.

Unsere Anwältin begründet den Antrag entsprechend unseres Vorhabens, das Sorgerecht nicht für uns selbst zu beanspruchen, sondern es Eileen vom Pflegeelternverband zu übertragen, die die Kinder gut kennt. „Es steht also eine Person als ehrenamtlicher Einzelvormund zur Verfügung, die das Sorgerecht ausüben könnte. Deshalb gibt es keinen Grund, das Sorgerecht auf das Jugendamt zu übertragen. Wie Sie wissen, sind nach SGB Einzelvormünder zu bevorzugen."

Frau Schilling entgleisen ihre Gesichtszüge. Die Richterin blickt ungläubig. Sie fragt nach. „Habe ich das richtig verstanden? Die Vormundschaft soll nicht auf die Pflegeeltern übergehen?" „Das ist richtig. Frau Große ist eine absolut zuverlässige Person, die sich sehr für das Pflegekinderwesen im Allgemeinen und speziell für die Pflegekinder der Pflegefamilie einsetzt."

Frau Schilling blickt finster. Ihre Lieblingsargumente des Rollenkonfliktes der Pflegeeltern in einer Vormundschaft haben sich in Luft aufgelöst. Der Anwalt der Gegenseite faselt etwas von Zuverlässigkeit des Kindesvaters und dem Recht auf Umgang mit seinen Kindern, etwas, was in jedem schlechten Rechtskommentar steht. Tatsächliche Argumente findet er nicht. Der Kindesvater brummt ständig etwas vor sich hin, was Zustimmung signalisieren soll. Beide würdigen uns keines Blickes. Die Richterin hört gelangweilt zu.

Dann folgt der Urteilsspruch. Die Richterin lehnt die Übertragung des vollen Sorgerechtes zum jetzigen Zeitpunkt ab. Allerdings schreibt sie jedem von uns etwas ins Stammbuch. „Hilfeplangespräche müssen nicht im Abstand von einem Jahr erfolgen. Sie können durchaus nach Bedarf erfolgen. Es müssen in diesem komplizierten Fall Fachleute wie die Psychotherapeuten der Kinder hinzu gezogen werden, um die Notwendigkeiten festzulegen. Erst dann kann abschließend über die Frequenz der Umgänge zwischen leiblichem Vater und den Kindern entschieden werden und die Umgänge flexibel geplant werden. Für das Jugendamt bedeutet es eine professionelle Herangehensweise an die Problematik. Die Pflegeeltern sind zur Zusammenarbeit mit dem Jugendamt und dem leiblichen Vater verpflichtet. Ebenso hat der leibliche Vater künftig mit dem Jugendamt und der Herkunftsfamilie zu kooperieren, was sich nicht nur auf die Zustimmung zu gesundheitlichen Maßnahmen beschränken darf, sondern auch die Lösung der Probleme der Kinder betrifft. Sollte es nach diesen Versuchen dennoch zu keiner einvernehmlichen Lösung kommen, können wir uns an diesem Ort wiedertreffen."

Zur Vermögenssorge ist der Fall klar. Sie kann nicht beim Kindesvater bleiben, da ihm sonst die Mittel aus dem Opferentschädigungsgesetz zufließen würden, obwohl er der Verursacher der Traumatisierung war. „Die Vermögenssorge wird dem leiblichen Vater entzogen und bis eine geeignete Person zur Verfügung steht, dem Jugendamt übertragen", urteilt die Richterin.

Wir sind etwas niedergeschlagen, haben wir doch mit einem anderen, für uns positiveren Ergebnis gerechnet. Aber unsere Anwältin versucht uns aufzubauen. „Sehen Sie es doch mal so", interpretiert sie das Urteil, „Sie sind dem Jugendamt gegenüber gestärkt hervorgegangen. Sie können jederzeit Hilfeplangespräche einfordern und sogar die Zusammensetzung mitbestimmen. Daran muss sich auch der leibliche Vater halten. Und wenn´s nicht klappt, können Sie jederzeit das Gericht wieder anrufen."

Dennoch sind wir, gelinde ausgedrückt, enttäuscht. Es bedeutet die Fortsetzung des Kampfes zwischen Jugendamt und uns. Warum bekommt ein Mann, der die größte Katastrophe im Leben seiner Kinder verursacht hat und noch immer über sie bestimmen will, noch eine Chance, warum darf er mitentscheiden, obwohl es ihm doch nur um sein eigenes Ego geht? Er hat sich wahrlich nicht als fähig gezeigt, für seine Kinder Verantwortung zu übernehmen. Ganz im Gegenteil hat er die Rechte an seinen Kindern damit, dass er sie vernachlässigt und traumatisiert hat, verwirkt.

Warum lässt man nicht die Kinder sich in Ruhe entwickeln und gönnt ihnen einen guten Start ins Leben, ohne sie zum Kontakt mit ihren Peinigern zu verpflichten? Uns fehlt einfach das Verständnis für solche Entscheidungen. Mit Kindeswohl hat das alles nichts zu tun.

Besuchszwang

Bedrohliche Besuche

Pflegeeltern sind verpflichtet, ihren Pflegekindern zu ermöglichen, Kontakt zu ihren leiblichen Eltern zu haben. Das ist gesetzlich festgehalten. Sie dürfen Kontakt haben, aber die Herkunftseltern sind dazu verpflichtet, Kontakte wahrnehmen, wenn ihre Kinder diese wünschen.

Wir hatten bisher "Glück". Zwar gab es mitunter Briefe des leiblichen Vaters aus dem Gefängnis, die wir den Kindern vorlasen, vorausgesetzt, sie waren ihrem Entwicklungsstand entsprechend für ihre Ohren geeignet. Auch hatten wir einige begleitete Umgangskontakte in den Räumlichkeiten des Jugendamtes. Jedes Mal mussten wir danach daran arbeiten, ihnen die Angst und die Verwirrtheit zu nehmen, die sich durch diese Kontakte einstellten. Aber im Großen und Ganzen war ihnen der Vater fremd; er kam wie aus einer anderen Welt. Die Mutter tauchte nicht auf und blieb verschollen. Nur selten kam es vor, dass Susann sich sehnte: „Ich würde so gerne wissen, wer meine Mama ist. Alle anderen haben eine richtige Mama, nur ich nicht."

„Deine Mama ist nicht mehr da", versuchten wir sie dann zu beruhigen, „Wir wissen auch nicht, wo sie ist. Keiner weiß das."

Jetzt aber wird es ernst. Frau Schilling vom Jugendamt ruft mich an.

„Sie wissen vielleicht", tastet sie sich vor, „dass der Papa Ihrer Pflegekinder wegen guter Führung aus der Justizvollzugsanstalt entlassen worden ist. Er wohnt jetzt in Berlin. Er hat natürlich das Recht, seine Kinder zu sehen. Dieses Recht hat er uns gegenüber schon geltend gemacht. Ich möchte Sie bitten, sich Gedanken darüber zu machen, wie diese Umgangskontakte umgesetzt werden können."

Ich bin schockiert. Was ich an dieser Sachbearbeiterin so unglaublich unhöflich und unkooperativ finde, ist, wie sie mit der Tür ins Haus fällt, wie sie uns so einfach vor vollendete Tatsachen stellt, ohne uns nur die Spur einer Möglichkeit zu geben, uns mit ihren Forderungen auseinander zu setzen.

„Frau Schilling", erwidere ich, nachdem ich mich wieder gesammelt habe, „Sie wissen doch genau so gut wie wir, was es für die Kinder bedeutet, wieder Kontakt zu ihrem Vater zu haben, der sie so stark traumatisiert hat und der an ihrem ganzen Unglück die Schuld trägt. Sie wissen, dass es beiden körperlich und seelisch sehr schlecht geht, wenn sie Kontakt zu ihm haben. Haben Sie das alles mit in Ihre Entscheidung mit einbezogen?"

„Da gibt es gar nichts mit einzubeziehen", wehrt sie sich mit scharfem Ton, „Das ist die Gesetzeslage. Daran müssen wir uns halten. Auch Sie müssen sich daran halten. Wir werden das Recht des Vaters in jedem Falle durchsetzen. Und wir verlangen selbstverständlich Ihre Kooperation."

„Aber wenn es den Kindern doch aber schadet! Übernehmen Sie die Verantwortung für die Schäden, die entstehen können?", versuche ich zu argumentieren.

„So ist das Gesetz", beharrt sie. „Außerdem ist es auch aus Sicht von Psychologen und Therapeuten nicht unüblich und trägt zur Heilung des Traumas bei, wenn die Kinder ihre Herkunftsfamilie wiedersehen und zu ihnen wieder eine Beziehung aufbauen. Schließlich ist es der leibliche Vater. Wer sagt Ihnen, dass es den Kindern schadet? Seien Sie froh, dass er nicht gleich die Rückführung beantragt hat. Ich muss von Ihnen da jetzt Professionalität verlangen."

„Darüber möchte ich aber erst noch einmal richtig nachdenken und mit meiner Frau sprechen", versuche ich Zeit zu gewinnen.

„Nehmen sie es zur Kenntnis: Es gibt keine Alternative!", erklärt sie und fordert ultimativ: „Ich rufe Sie übermorgen wieder an. Dann muss ich von Ihnen eine Vorstellung dazu haben, wann und wie die Umgangskontakte stattfinden."

So ist das also. Es geht um das Recht der leiblichen Eltern, das Kindeswohl spielt keine Rolle. Es wird von den traumatisierten Kindern verlangt, ihrem Peiniger auch noch entgegen zu treten, mit ihm Zeit zu verbringen. Wo wir doch schon aus den bisherigen Besuchskontakten wissen, dass der Kindesvater mit seinen Töchtern nichts anzufangen weiß. Die ganze ehemalige Situation wird wieder erstehen, wie damals. Nicht auszudenken, wenn die damaligen Verletzungen, die Todesangst, die Vernachlässigung unberechenbares Verhalten bei den Kindern, aber auch beim Kindesvater triggert.

Da hat diese Jugendamtssachbearbeiterin die Stirn, die Verantwortung für die Durchführung der Kontakte uns aufzubürden. Sie verlangt von uns Verständnis für eine verstaubte, durch nichts begründete Konfrontationstherapie. Sie appelliert an unsere „Professionalität", die nichts anderes bedeutet, als dass wir emotionslos das tun und zu unterstützen, was das Jugendamt von uns verlangt. Und das alles auf dem Hintergrund, dass das Jugendamt um Himmels Willen keinen Ärger mit dem Kindesvater bekommen will. Unterstützung für die traumatisierten Pflegekinder und deren Pflegeeltern sieht ganz anders aus.

Als ich das alles Ruth erzähle, ist sie außer sich vor Wut und Hilflosigkeit. Aber es wird uns nichts anderes bleiben als uns darauf einzulassen und das Schlimmste zu verhindern.

Versuchs-Besuch

Pflegeeltern werden oft zu etwas gezwungen, was sie ihren Pflegekindern nie antun würden. Zwar haben die leiblichen Eltern das Recht, ihre Kinder zu sehen, aber ist es richtig, die Kinder dazu zu zwingen? Sollten sie nicht lieber die Möglichkeit haben, in Ruhe und einer sicheren Umgebung aufzuwachsen?

Frau Schilling, unsere Sachbearbeiterin vom Jugendamt, scheint nicht der Ansicht zu sein. Sie bittet uns zu einem persönlichen Gespräch in ihren Diensträumen.

„Wie Sie wissen, möchte der leibliche Papa Besuchskontakte", beginnt sie. „Ich schlage vor, dass sie am Freitag in zwei Wochen mit dem Zug nach Berlin fahren. Dort wohnt der Papa jetzt."

Wir fallen vor Entsetzen fast von unseren Stühlen. Ruth errötet vor Wut. Sie ist sprachlos. Ich fasse mich zuerst.

„Wie stellen Sie sich denn das vor?", bemühe ich mich so ruhig wie möglich zu bleiben. „Der Kindesvater ist doch völlig fremd für die beiden. Es ist eine völlig neue Umgebung. Das können die Kinder doch nie verkraften."

„Das dort zuständige Jugendamt hat schon die Wohnverhältnisse überprüft", fährt Frau Schilling fort, „Alles ist in Ordnung, der Papa wohnt jetzt mit einer Lebensgefährtin in einer größeren Wohnung und es gibt genug Platz für die beiden Kinder."

„Dazu können wir nie und nimmer zustimmen", ereifert sich Ruth nun laut. „Was haben Sie eigentlich vor, den Kindern anzutun? Haben Sie denn kein bisschen Gefühl im Leib?" Frau Schilling wird nervös, versucht aber äußerlich Ruhe zu zeigen. „Da haben wir keine Wahl. Wenn Sie sich nicht kooperativ und professionell zeigen, müssen wir die Kinder in Obhut nehmen", macht sie scharf und unumwunden deutlich.

Das ist eine eindeutige Drohung gegen uns, zu Lasten der Kinder, die in diesem Spiel offensichtlich gar nicht vorkommen. Also versuche ich einen Kompromiss zu erreichen.

„Wie wäre es", wende ich ein, „wenn wir die Besuche erst einmal anbahnen? Das wäre für alle Parteien wohl das Beste. Wir wären bereit, den ersten Besuchskontakt hier stattfinden zu lassen. Wie es dann weiter geht, müsste man sehen."

Frau Schilling entspannt sich. „Das wäre eine Idee. Wären Sie dann bereit, den Umgangskontakt zu begleiten?" „Natürlich!", bekräftigt Ruth. „Das ist eine gute Möglichkeit." „Dann sage ich dem Papa, dass er am nächsten Wochenende herkommt", stimmt Frau Schilling zu. „Wie wäre es denn, wenn er zu Ihnen nach Hause kommt?"

Wir sehen uns gegenseitig an. Ein Blick, ein Gedanke.

„Das halten wir für keine gute Idee", wende ich vorsichtig ein. „Wie wäre es denn mit einem Besuch auf dem Grillplatz im Park?" „Das ist in Ordnung", kommentiert Frau Schilling. "Ich werde es dem Papa mitteilen."

„Allerdings müsste der Papa ja mit dem Zug kommen. Seine Einkommensverhältnisse haben sich drastisch verschlechtert. Er müsste auch wieder rechtzeitig wegfahren, damit er rechtzeitig zu Hause ist", gibt sie zu bedenken. „Sprechen Sie das mit ihm ab? Ich sage ihm, er soll Sie anrufen."

Wir stimmen allem zu, was einen Besuch in Berlin hinauszögert und worüber wir die Kontrolle haben. So haben wir eine Lösung erreicht, die unseren Kindern nicht allzu viel Schaden zufügt. Die weitere Entwicklung muss abgewartet werden.

Es ist uns unverständlich, dass das Jugendamt nichts tut, um uns zu helfen, aber alles, damit die leiblichen Eltern zu ihrem Recht kommen. Schon allein diese andauernde Verniedlichung des Täters als wäre er der liebende, von den Kindern geliebte Papa! Wir sind entsetzt darüber, dass unsere traumatisierten Kinder gar keine Rolle dabei spielen und niemand sich darum kümmert, wie es ihnen dabei geht. Warum müssen ihre Leiden so verlängert und verschlimmert werden, nur weil der Kindesvater seine Macht ausspielen will und deshalb auf seinem Recht beharrt?

Warum sind wir diejenigen, die nach professionellen Lösungen suchen müssen, die den Kindern möglichst wenig schaden und sie umsetzen sollen? Es ist eigentlich nicht unsere Aufgabe. Aber wir können nicht mit ansehen, wie das Leben unserer Kinder gegen die Wand gefahren wird. Wir sind Teil dieses grausamen Spiels, ob wir wollen oder nicht.

Versuch missglückt

Pflegeeltern begeben sich manchmal in Situationen und lernen Menschen kennen, mit denen sie eigentlich nie etwas zu tun haben wollten. Aber es liegt in der Natur der Sache, dass die leiblichen Eltern nicht die selbe Herkunft haben und in der selben Umgebung leben wie die Pflegeeltern. Sonst wären ihre Kinder nicht zu Pflegekindern geworden.

Heute ist Besuchskontakt. Wir haben uns mit dem Vater unserer beiden im Park auf dem Grillplatz verabredet. Er kommt eine halbe Stunde zu spät. Für unsere Kinder ist es ein ganz normaler Ausflug, auch, wenn sie wissen, dass sie ihren Vater wieder sehen werden. Sie fühlen sich geborgen in unserer Anwesenheit. Deshalb macht ihnen die Verspätung nichts aus.

Heran schlurft ein Mann, offensichtlich gezeichnet, mit rotem Kugelkopf, weniger von seinem Schmerbauch vom letzten Mal. Das Cabriofahren hat er wohl aufgeben müssen.

„Tach” begrüßt er uns kurz. Er versucht, seine Töchter zu sich heran zu ziehen. Die wehren sich vorsichtig.

„Wie jeht´s in der Schule?”, fragt er.

„Gut”, antwortet Jeannett. Susann ist sich nicht sicher, was sie aus der Situation machen soll.

„Papa iss ooch zur Schule jejangen, als er im Knast war”, plaudert er aus dem Nähkästchen. “War Scheiße, hat nischt jebracht.” Dann sieht er sich um, als suche er etwas. Er zieht eine Zigarette aus der Tasche und zündet sie an, bläst den Rauch hinaus. “Ick jeh mal ´n Moment, wat zu trinken koofen. Hab ziemlichen Durscht.” Dann macht er sich auf zu dem kleinen Kiosk am Rande des Parks.

Wir stellen den mitgebrachten Grill auf, entfachen die Kohle. Die Nackensteaks werden auf das Rost getan und beginnen zu duften. Da kommt der Kindesvater zurück getrottet, in der Hand eine Bierflasche. Ruth versorgt die Kinder mit Saft. Die Kinder sind auf dem in Sichtweite befindlichen Spielplatz und amüsieren sich. „Riecht ja schon jut”, bemerkt der Kindesvater. Seine Augen sind rot unterlaufen. Schließlich kommen die Kinder zurück. Jeder bekommt ein Brötchen, aufgeschnitten, mit dem Nackensteak darin. Wir sitzen auf den Parkbänken.

Plötzlich springt der Kindesvater auf. In seiner Hand hält er eine Digitalkamera. Er fotografiert seine Töchter beim Essen. „Stellt euch doch mal zusammen”, befielt er, „ick will ja ooch ma ´n paar Bilder ham von euch. Seid ja schließlich meene Töchter.” Die Kinder stehen auf, fassen sich an die Hände, grinsen. So wie damals im Heim, als wir sie das erste Mal besuchten. Es scheint die „Du-bist-fremd-tu-uns-nichts-wir-halten-zusammen"-Pose zu sein.

Nach einem weiteren Nackensteak, ein paar Bierflaschen und etliche Zigaretten später verabschiedet sich der Kindesvater. „Ick muss jehn, sonst schaff ick den Zuch nich, denn muss ick so weit loofen", erklärt er. Und schlurft zurück zum Bahnhof.

Was war das nun? Will dieser Mann, der zu jeder emotionalen Regung gegenüber seien Töchtern unfähig ist, der nur Bier und Zigaretten kennt und sich an unserem Grillgut gütlich getan hat, die Kinder haben? Was will er mit ihnen anfangen? Die einzige Verbindung, die er zu seinen Kindern hat, ist die Abstammung. Für das Wohlergehen hat er bisher nicht viel getan, im Gegenteil.

Wir wissen nicht, wie das weiter gehen soll. Einen Besuch beider Kinder mit Übernachtung in seiner Wohnung finden wir nicht nur verantwortungslos, sondern gefährlich. Wir befürchten das Schlimmste. Aber es ist ja bekannt, dass Jugendämter Entwicklungen so weit treiben oder treiben lassen, bis Kinder zu Schaden kommen. Es würde uns das Herz brechen.

Chaotischer Besuchskontakt

Wer schützt traumatisierte Pflegekinder, wenn nicht ihre Pflegeeltern? Sie haben die Aufgabe, ihre ihnen anvertrauten Kinder vor Retraumatisierungen, Mobbing und schlechten Einflüssen zu schützen, das ist unsere Meinung und Grundlage für unser Handeln. Manchmal, so scheint es, muss man sie auch vor dem Jugendamt und ihren leiblichen Eltern schützen.

Wieder ruft Frau Schilling, unsere Jugendamts-Sachbearbeiterin an. Sie will sich nach dem Verlauf des Umgangskontaktes, der kürzlich stattgefunden hat, erkundigen. Ich berichte über unsere Erfahrungen und unsere Vorbehalte gegen weitere Umgangskontakte. Aber Frau Schilling bleibt unbeeindruckt.

„Wir müssen auf Besuchskontakten einmal im Monat bestehen", lautet ihre unumstößliche Anweisung. „Am besten am ersten Wochenende eines jeden Monats. Es wird eine Übernachtung geben." Ich weiß, dass ich mich nicht wehren kann, wenn ich nicht will, dass die Kinder vom Jugendamt abgeholt werden. Also versuche ich einen Kompromiss.

„Wir möchten den Kindern doch ermöglichen, dass sie sich an die neue Situation gewöhnen", argumentiere ich. „Wir wären bereit, sie zum Besuchskontakt zu bringen und auch wieder abzuholen." „Aber der Papa wohnt in Berlin", wendet Frau Schilling ein. „Wir würden die Fahrtkosten übernehmen, aber keine Übernachtungskosten."

Na immerhin. Alles andere kriegen wir auch schon hin. Es gibt keine andere Möglichkeit und wir werden die Kinder keinesfalls auf die Bahn setzen und zwei lange Tage darauf warten, was sich zuträgt. Wir wollen vor Ort sein.

Es ist ein schöner Samstag im April. Wir haben den Kindern gesagt, dass wir nach Berlin fahren und sie bei ihrem leiblichen Vater übernachten werden. Wir haben ihnen auch gesagt, dass wir in der Nähe sind und sie mit einem Handy ausgestattet. Darauf sind sie besonders stolz. Unsere Handynummern haben wir eingespeichert. Für uns ist es wie eine generalstabsmäßig geplante Aktion. Für die Kinder ist es nur ein weiterer Ausflug. Aber sie wissen, dass wir in der Nähe sind und sie uns jederzeit erreichen können.

Nach fast dreistündiger Fahrt treffen wir in Berlin ein. Unser Navi führt uns über großzügige, alleeartige Straßen nach Neukölln, wo der Kindesvater wohnt. Unweit des S-Bahnhofes Neukölln biegen wir nach links in die Zeitzer Straße, rechts in die Braunschweiger Straße und gleich danach wieder nach links in die Richardstraße ein. Wenige Bäume stehen am Straßenrand, große, alte Mietshäuser machen die Straße zur Schlucht. Parkplätze gibt es kaum. Wir finden den Namen des Kindesvaters an einem Klingelbrett. "Seitenflügel links" ist es überschrieben.

„Ja" tönt eine Männerstimme aus der Wechselsprechanlage. „Die Pflegeeltern mit Jeannett und Susann", kündige ich an. Der Summer ertönt. Wir drücken gegen die schwere hölzerne Tür. Den Kindern steht die Verunsicherung ins Gesicht geschrieben. Sie tragen jede ein Köfferchen. Wir passieren eine Toreinfahrt, die uns in einen tristen Hinterhof führt. Rechts und links des Hofes stehen weitere, große Wohnhäuser.

Die Tür zum Treppenhaus lässt sich schwer öffnen. Die Briefkästen sind verklebt, aufgebrochen, manche namenlos, einige voller Werbezeitschriften und Briefe. Wir erklimmen die Treppe bis ins zweite Geschoss. Es riecht nach Essen und Zigarettenrauch. Laute Musik tönt aus den Wohnungen, eine Mischung orientalischer Musik und deutschtümelnder Schlagerklänge.

Die Klingel mit dem Namensschild des Kindesvaters funktioniert nicht. Wir klopfen. Er öffnet. „Ah, det is aber schön, dit ihr da seid", begrüßt er die Kinder, uns keines Blickes würdigend. „Denn kommt ma rin. Et jibt Kakao und Kekse."

Wir müssen leider draußen warten.

Also schleichen wir uns nach draußen auf die Straße. „Komm", sage ich zu Ruth, „lass uns mal die Gegend ansehen." Wir biegen nach rechts in die Straße ab. Vor uns öffnet sich ein Platz, mit Bänken und typisch Berliner Schwengelpumpe. Kinder tollen auf dem kleinen Spielplatz herum. Menschen, deren Bekanntschaft ich lieber nicht machen möchte, sitzen auf den Bänken, Bierflaschen und Zigaretten in den Händen, laut diskutierend, manchmal blökend wie die Schafe. Südländisch gekleidete Frauen mit Kopftüchern schieben ihre Kinderwagen vorbei, im Gefolge eine Horde von Kindern. Es ist so fremd. So unwirklich. Wie sollen unsere Kinder damit klar kommen?

Nachdem wir den Platz mit einigen freundlichen Restaurants umrundet haben, voller neuer Eindrücke, beschließen wir, noch etwas fürs Abendessen einzukaufen und lassen uns von unserem Navi zu unserem Hotel führen, in dem wir ein

Familienzimmer gebucht haben. Es liegt südlich außerhalb der Stadt, in einem Gewerbegebiet nahe des südlichen Berliner Ringes. Eines dieser Hotels, in das man selbst mit der Kreditkarte eincheckt. Wir machen es uns gemütlich und erwarten einen geruhsamen Abend mit Kartenspiel und Abendspaziergang.

Es ist Mitternacht. Wir machen uns langsam bettfertig. Da klingelt mein Handy. Es ist Jeannett. „Papa, hol uns hier raus. Niemand ist hier, überall laute Musik, unser Vater und seine Frau sind nicht da, überall stinkt es. Kommst du uns abholen? Bitte!!!" Sie klingt richtig verzweifelt. Wir müssen reagieren. „Wir kommen. Ruf uns an, wenn dein Vater wieder da ist."

In die Sachen, ins Auto, mit Tempo durch die nächtlichen Straßen, in die noch sehr belebte Richardstraße. Kein Anruf. Wir rufen das Handy der Kinder an.

„Wo seid ihr?" erkundigt sich Jeannett. Wie immer trägt sie die Verantwortung. „Vor der Tür." „Ich lass euch rein." Der Summer summt, wir durchmessen den Hinterhof, hetzen die Treppen hinauf. Jeannett steht in der geöffneten Tür, weicht nach hinten aus. Wir betreten die Wohnung. Bier- und Schnapsflaschen stehen herum, die Luft ist geschwängert von Alkohol- und Nikotingeruch. Auf dem abgewetzten Sofa und dem Boden liegen Kleidungsstücke verstreut. In einem anderen Zimmer stehen zwei kleinere Betten für die Kinder, kaum benutzt. Susann sitzt auf dem Sofa und hustet asthmatisch. „Komm, Susann", befiehlt Jeannett ihrer Schwester, „pack deine Sachen zusammen. Lass uns gehen."

Ich blicke Ruth an. „Können wir das machen?", frage ich sie. „Wir müssen", gibt sie zurück. „Hier können die Kinder nicht bleiben."

Die Kinder verlassen die Wohnung, wir ziehen die Tür hinter uns zu. Alles schnell schnell, durch den Hinterhof, zur Haustür hinaus und ins Auto. „Bin ich froh, dass wir da weg sind", seufzt Jeannett. Susann ist bereits eingeschlafen. Ab und zu hustet sie.

Im Hotel geht alles schnell: Zähne putzen, bettfertig machen, rein ins Bett. Da fällt mir etwas ein. „Jeannett, hast du die Telefonnummer deines Vaters eingespeichert?" „Ja", antwortet sie, „nimm mein Telefon." Ich rufe die Nummer und schalte auf laut.

„Ja", meldet sich eine Männerstimme. „Wir haben die Kinder abgeholt", sage ich bestimmt. „Niemand war in der Wohnung und sie haben sich gefürchtet. Ich glaube, das ist besser so." „Wat ham se?", fragt die Stimme lallend. Ein Moment ist Ruhe. Dann ist es, als ob das Telefon explodieren will. „Dit hat Folgen, dit sach ick Sie, dit hat Folgen!", brüllt es aus dem Hörer. Dann klick. Aufgelegt. „Was meint er denn?", fragt Jeannett ängstlich. „Nichts Schlimmes, meine Kleine", beruhige ich sie. „Solange wir bei euch sind, kann nichts passieren."

Die Nacht wird unruhig. Immer wieder werfen sich die Kinder im Bett hin und her, sie stöhnen, Susann weint manchmal leise. Lange dauert es, bis sie Ruhe finden. Als wir am nächsten Morgen erwachen, ist die Stimmung gedrückt, auch wenn wir uns ein schönes Frühstück machen. Wir beschließen, nach dem Frühstück nach

Hause zu fahren. Einige Male müssen wir anhalten, um den Kindern Gelegenheit zu geben, sich auszutoben und auf andere Gedanken zu kommen. Für uns bedeutet es, am Montag Frau Schilling anzurufen und ihr über diesen chaotischen Besuchstermin Bericht zu erstatten. Wir wissen nicht, wie sie es aufnehmen wird.

Wieder kommen uns Zweifel. Haben wir richtig gehandelt? Hätten wir das tun dürfen? Haben wir uns ins Unrecht gesetzt? Aber wir haben doch nur etwas getan, das jeder Mensch mit normalem Menschenverstand auch getan hätte. Wir können die Kinder nicht leiden lassen. Wir können sie nicht auf sich selbst gestellt lassen. Wir konnten ihrem Flehen nicht widerstehen. Wie kann man Kindern so etwas antun! Wie kann das Jugendamt es zulassen, dass es zu solchen Situationen kommt? Haben sie es sich nicht denken können, wie wir es uns auch gedacht haben? Es ist einfach nur unfassbar.

Jugendamts-Schelte

Uns scheint, als wären Pflegeeltern traumatisierter Pflegekinder nichts weiter als der verlängerte Arm des Jugendamtes. Was das Amt befiehlt, muss ausgeführt werden, koste es, was es wolle, auch das Wohl der Pflegekinder.

Frau Schilling, die Jugendamts-Sachbearbeiterin, hat uns zu einem Termin vorgeladen. „Sie haben sich völlig ins Unrecht gesetzt", kommentiert sie unverblümt unser Handeln anlässlich des Umgangskontaktes beim Kindesvater in Berlin. „Ihr Verhalten war unbegründet und unprofessionell."

„Ich kann nicht erkennen, dass wir in irgend einer Weise etwas Unrechtes getan hätten", schieße ich zurück. „Die Kinder waren in einem vernachlässigten Haushalt, kein Erwachsener war da, es stank nach Rauch und Alkohol. Die Kinder waren verängstigt und haben uns um Hilfe gebeten. Was hätten wir tun sollen?"

„Sie hätten die Kinder beruhigen müssen, ihnen Mut zusprechen, sie von der Notwendigkeit des Besuches überzeugen müssen. Statt dessen haben Sie ihre Furcht noch bestärkt, den Papa in das Licht eines unfähigen, vernachlässigenden Unmenschen gesetzt." „Das ist er auch. Er ist derjenige, der die Kinder jahrelang traumatisiert hat", begründe ich. „Sie haben völlig überreagiert", wirft uns die Sachbearbeiterin vor.

„Sie hätten das mal sehen müssen", schaltet sich Ruth nun ein, „die Kleidung überall verstreut, die Kinder verstört und ohne Aufsicht in der Wohnung, die Bier- und Schnapsflaschen und -gläser, wir konnten die Kinder dort nicht lassen!"

„Als ich neulich beim Hausbesuch bei Ihnen war", gibt sie leise, aber scharf zurück, „habe ich da bei Ihnen nicht auch eine Weinflasche im Wohnzimmer gesehen? Und rauchen tun sie doch auch?" „Aber doch nicht im Haus!", ereifert sich Ruth.

„Sie sollten andere nicht verurteilen", belehrt uns Frau Schilling. „Das wird schon alles. Der Papa bemüht sich, sein Leben in den Griff zu bekommen. Wir müssen ihm bloß eine Chance geben." Ein Moment Stille.

„Sie haben sich ins Unrecht gesetzt", hebt sie wieder an. „Das kann Ihnen als Kindesentführung ausgelegt werden. Zumindest haben Sie es nicht geschafft, diesen Besuchskontakt so zu gestalten, wie man das von Ihnen als Pflegeeltern erwartet. Sie haben versagt. Damit haben Sie auch unserem Amt geschadet."

„Das ist doch wohl…", beginnt Ruth sich zu ereifern. „Komm, es ist zwecklos", versuche ich Ruth zu beruhigen. „Sie brauchen sich gar nicht aufzuregen", wendet sich Frau Schilling an Ruth, „Der Papa hat das Sorgerecht. Er kann bestimmen und er hat das Recht auf uneingeschränkten Umgang."

Es hat keinen Zweck, zu argumentieren. Sie sitzt am längeren Hebel. Das lässt sie uns jetzt spüren.

„Ich muss Ihnen sagen, dass es ab jetzt keinen Umgang mehr geben wird, an dem Sie teilnehmen", kündigt sie uns an. „Wir werden das jetzt amtsseitig regeln. In vier Wochen ist der nächste Umgang. An diesem Termin werden wir die Kinder bei Ihnen abholen und zum Zug bringen."

Ruth wischt sich die Tränen aus dem Gesicht. In mir kocht es. Ich ahne Schreckliches. Was sind das für Menschen, die nicht erkennen, wenn es Kindern schlecht geht, die nichts wahr haben wollen, die stattdessen diejenigen, die alles für diese geschundenen Kreaturen tun, auch noch dafür kritisieren und beschimpfen? Dürfen Pflegeeltern nicht auch mal ganz normale Menschen sein? Müssen sie sein wie die Heiligen, die keine Gewohnheiten haben, keinen eigenen Lebensstil? Unangreifbar, immer einen Heiligenschein tragend?

Ich gebe zu, wir sind nicht unparteiisch, wie es das Jugendamt von uns verlangt. Wir sind Partei, vertreten die Interessen unserer Pflegekinder. Mit dieser Tatsache kommt Frau Schilling nicht klar.

Wir sind traurig, entsetzt, wütend. Wir wissen nicht, wo das alles hinführen soll. Und wir ahnen Schreckliches. Wenn wir nicht vor Ort sind, wer soll den Kindern helfen, wenn es ihnen schlecht geht?

Kein Pardon

Heute sind vier Wochen vergangen und der nächste Umgangstermin ist heran. Seit wir versucht haben, Jeannett und Susann darauf vorzubereiten, haben wir nur Schweigen geerntet. Sie weigern sich einfach, darüber zu sprechen oder bloß darüber nachzudenken. Die Situation, dass sie vom Jugendamt abgeholt und in einen Zug gesetzt werden könnten, ist für sie nicht vorstellbar und deshalb nicht existent. Sie erwarten von uns, dass wir sie beschützen, auf sie aufpassen, in ihrer Nähe sind.

Ein Kleinwagen des Landkreises fährt vor unserem Haus vor. Frau Schilling und eine weitere Sachbearbeiterin steigen aus. Sie klingeln an der Tür. Ich öffne. Jeannett und Susann sitzen am Frühstückstisch.

„So", grinst sie die beiden an, „wir fahren jetzt zusammen zum Bahnhof, damit ihr euren Papa besuchen könnt." Die Köfferchen stehen an der Eingangstür mit

Waschzeug und Kleidung für den Aufenthalt. Die Kinder blicken nicht auf. Sie nehmen Frau Schilling und ihre Begleiterin nicht wahr. Jeannett hat ihre Fäuste wieder ins Gesicht gepresst, Susann blickt vor sich hinunter.

„Wollt ihr denn gar nicht mitkommen? Eure Pflegeeltern wollen das bestimmt auch" spricht sie und sieht uns dabei tief in die Augen, als wollte sie sagen: „Nun sagen Sie doch auch was!" Aber wir schweigen. Wir werden uns nicht gegen unsere Überzeugung benutzen lassen.

„Kommt jetzt, macht nicht so einen Zirkus", sagt sie scharf und ergreift blitzschnell die Hände der Kinder. Sie zieht sie nach oben und jede der Amtspersonen schlingt einen Arm um eines der Kinder, so dass sie sich nicht bewegen können. Jetzt zerren sie sie aus der Küche zum Eingang, aus dem Haus heraus in Richtung Auto. Die Kinder schreien und kreischen. „Wir wollen da nie wieder hin! Lasst uns los! Wir hassen euch!" Frau Schilling zischt uns an. „So tun Sie doch was! Unterstützen Sie uns!"

Blitzschnell entwenden sich beide Kinder aus dem Griff der beiden Frauen und stürzen ins Haus hinein, in ihre Zimmer, verschließen die Türen. In uns kocht es vor Wut. Frau Schilling blickt uns streng und voller Hass an.

„So etwas habe ich noch nicht erlebt", fährt sie uns an. „Sie werden die Konsequenzen zu tragen haben. Sie haben die Kinder wieder einmal ganz geschickt in Ihrem Sinne beeinflusst. So was tun sie nicht von sich aus. Das muss abgesprochen gewesen sein." Die Damen stürmen ins Auto. Klank, klank fallen die Türen in die Schlösser, der Motor heult auf. Sie sind verschwunden.

Wir betreten das Haus und setzen uns an den Küchentisch, die Köpfe gesenkt. Schritte vor der Tür. Ein leises Klopfen.

„Kommt herein, ihr beiden" lädt Ruth sie mit tränenerstickter Stimme ein. Beide setzen sich auf ihre Plätze. „Sind sie weg?" fragt Susann leise. „Ja, sie sind weg", antwortet Ruth ruhig. „Alles ist vorbei, alles wird gut."

„Wir wollen nicht von euch weg, wir wollen nicht nach Berlin!" Jeannett steht auf und kuschelt sich an Ruth. „Wir wollen nicht da hin", bekräftigt Susann und kuschelt sich an mich.

„Warum habt ihr uns nicht geholfen?", will Jeannett wissen. Es kling nicht vorwurfsvoll, sondern eher traurig. „Frau Schilling hat es nicht zugelassen", versucht Ruth zu erklären. „Sie wollte sogar, dass wir ihr helfen." „Was, ihr helfen?", fragt Jeannett ungläubig. „Ist die gemein!" Wir verbringen einen schönen, ruhigen Abend, wie anständige Eltern das mit ihren Kindern tun. Dann gehen wir zu Bett.

Was heute passiert ist, haben wir nie erwartet. Es ist nicht vorstellbar, aber es passiert. Das Amt hat Recht und versucht es durchzusetzen, offensichtlich mit allen Mitteln. Das Kindeswohl zählt dabei nicht, es darf sogar beschädigt werden. Dabei sind die Pflegeeltern die Bösen, die die Kinder gegen die leiblichen Eltern beeinflussen.

Das Gericht entscheidet

Es ist manchmal nötig, dass Konflikte mit der Hilfe eines Gerichtes durch einen Urteilsspruch entschieden werden müssen. Pflegeeltern kennen sich meist damit aus, um ihre Pflegekinder zu schützen. Aber viele gerichtliche Auseinandersetzungen wären auch vermeidbar, wenn alle Seiten die Bereitschaft hätten, sich zu einigen.

Nachdem unsere Pflegekinder sich geweigert hatten, ihren Vater zu besuchen, war die Gegenseite nicht untätig. Es dauert nicht lange und wir haben eine Vorladung eines Berliner Familiengerichtes. Der Kindesvater versucht nun, sein Besuchsrecht einzuklagen.

Also machen wir uns erneut auf den Weg nach Berlin. Schwägerin Sarah hat sich bereit erklärt, mit zu fahren, um für die Kinder da zu sein. Vor dem Verhandlungstermin, der zum Glück erst gegen Mittag stattfindet, werden wir unsere Anwältin treffen, die uns vertreten soll. Sie kennt sich im Pflegekinderwesen aus.

„Papa, was ist das, ein Gericht?", fragt Susann mich während der Autofahrt. „Es ist ein Gebäude, das aus vielen Räumen besteht", erkläre ich. „In jedem Raum sitzt ein Richter. Er lässt alle Leute, die etwas beobachtet haben oder in einem Streitfall etwas Wichtiges zu sagen haben, nacheinander in diesen Raum kommen und hört sich an, was sie zu sagen haben. Wenn er sich alles angehört hat, fällt er ein Urteil. Danach müssen sich dann alle richten." „Unser Vater ist damals verurteilt worden, wegen Mama", bemerkt Jeannett. „Dann hat er eine Strafe bekommen." „Wird er jetzt wieder verurteilt?", fragt Susann bange. „Nein, das ist etwas anderes", erkläre ich. „Die Richterin hört sich auch alles an. Sie wird mit euch alleine sprechen. Dann wird sie festlegen, wie alles weiter geht, also, ob ihr euren Vater besuchen müsst."

Nach stundenlanger Fahrt kommen wir an. Wie durch ein Wunder finden wir einen Parkplatz.In der Nähe befindet sich ein kleines Restaurant, in dem wir uns mit unserer Anwältin treffen.

„Ihr seid also Jeannett und Susann", begrüßt sie die Kinder freundlich. Wir setzen uns und bestellen Kaffee für uns und Schokolade für die Kinder. „Ich kann verstehen, dass ihr euren Vater nicht alleine besuchen wollt", unterstützt sie die Kinder. „Wir versuchen jetzt, dass ihr ihn auch nicht besuchen müsst, wenn ihr nicht wollt." „Müssen wir auch vor allen erklären, dass wir das nicht wollen?", sorgt sich Jeannett. „Ich hab irgendwie Angst davor." Die Anwältin beruhigt die Kinder. „Nein, das müsst ihr nicht. Wir setzen uns alleine mit der Richterin in einen Raum und ihr könnt dann alles erzählen, wie ihr wollt. Niemand sonst wird dabei sein." Die Kinder blicken erleichtert.

Wir machen uns auf den Weg zum Gericht. Die Kinder sind beeindruckt von dem wuchtigen Portal und der riesigen Freitreppe, die in die Vorhalle führt. Eingang ist nur durch eine Sicherheitskontrolle möglich. Alle werden auf Metallgegenstände durchsucht und müssen ihre Taschen ausleeren. Dann erklimmen wir die Treppe zu unserem Gerichtssaal in der ersten Etage. Vor dem Saal sitzen bereits der Kindesvater und sein Anwalt. Er würdigt weder uns noch die Kinder eines Blickes. Auch Frau Schilling ist bereits da. Sie begrüßt uns verhalten und emotionslos. Nach ein paar Minuten ruft der Gerichtsdiener alle Beteiligten in den Gerichtssaal. Die Kinder bleiben mit Sarah draußen. Die Parteien nehmen an gegenüberliegend schräg zum Richtertisch ausgerichteten Tischen Platz. Frau Schilling weigert sich, sich an unseren Tisch zu setzen. Sie organisiert sich einen Stuhl und setzt sich hinter die Parteien, ganz an das Ende des Saales.

Der Anwalt des Kindesvaters formuliert seinen Antrag. Er will monatliches Besuchsrecht seiner Kinder im Haushalt des Kindesvaters und darüber hinaus in den Schulferien. „Es geht nicht an, dass die Pflegeeltern die Kinder meines Mandanten ständig und gezielt dahingehend beeinflussen, sich Besuchskontakten zu verweigern", beschuldigt er uns lautstark, begleitet von verächtlichen Blicken in unsere Richtung. „Mein Mandant hat das Recht auf Besuchskontakte und darauf, dass diese auch wirklich stattfinden und von den Pflegeeltern unterstützt werden. Statt dessen haben sie in einen Besuchskontakt eingegriffen und ihn eigenmächtig beendet."

Mein Herz pocht bis zum Hals, ich setze an „Kei...", als mich unsere Anwältin am Arm nimmt, um mich zu beruhigen. Dann beginnt sie in ruhigem Ton, zum Richtertisch zugewandt.

„Bei diesem Vorfall war es so, dass die Kinder ihre Pflegeeltern darum baten, abgeholt zu werden. Der Kindesvater war zu dem Zeitpunkt, als die Kinder meiner Mandantschaft die Tür öffnete, nicht zugegen und es war auch nicht absehbar, wann sich diese Situation ändern würde", beschreibt sie. Die Richterin macht ein nachdenkliches Gesicht.

„Deshalb plädiere ich dafür, die Besuchskontakte bis auf Weiteres auszusetzen oder sie zumindest in Begleitung der Pflegeeltern stattfinden zu lassen." Der Kindesvater schäumt. „Nie, nie, dit wird nie passiern!" Sein Anwalt hat alle Mühe, ihn zu beruhigen.

„Welche Position vertritt das Jugendamt in dieser Sache?" erkundigt sich die Richterin. „Wir sind immer darum bemüht, die Gesetzeslage umzusetzen", nimmt Frau Schilling leise und scharf Stellung. „Wir erwarten von unseren Pflegeeltern, dass sie uns in diesem Bemühen folgen." „Und haben Sie die Kinder zu diesem Thema befragt?", will die Richterin wissen. „Es gab keinen Anlass", gibt Frau Schilling zurück. „Wir hatten das Gesetz umzusetzen. Die Pflegeeltern waren dabei nicht sehr hilfreich."

„Ist es nicht so, dass Sie versucht haben, die Kinder gegen ihren Willen und unter Anwendung von Gewalt zu einem Umgangskontakt zu zwingen?", schaltet sich jetzt unsere Anwältin ein. „Wir haben die Pflicht, die gesetzlichen Vorgaben durchzusetzen. Wenn die Pflegeeltern uns dabei nicht unterstützen, müssen wir die Kinder auf andere Weise motivieren und überzeugen", beharrt Frau Schilling.

„Wie sah denn diese Überzeugung aus?", erkundigt sich die Richterin. „Ich habe versucht, gemeinsam mit einer Kollegin die Kinder dazu zu bewegen, in den Dienstwagen einzusteigen." „Was Ihnen nicht geglückt ist, weil sich die Kinder Ihren Griffen entwanden und sich in ihren Zimmern versteckten", wirft unsere Anwältin ein. Die Richterin bleibt für einige Sekunden nachdenklich. „Dann werde ich jetzt die Kinder befragen", entscheidet die Richterin. „Alle Parteien außer der Anwältin der Beklagten verlassen jetzt bitte den Raum."

Nach 20 Minuten werden alle wieder herein gebeten. „Meine Befragung hat ergeben", beginnt die Richterin, „dass die Kinder zur Zeit sich nicht vorstellen können, Umgangskontakte im Haushalt des Kindesvaters stattfinden zu lassen, insbesondere nicht mit Übernachtungen. Sie wollen, das haben sie ausdrücklich betont, diese Entscheidung nicht als Angriff auf ihren Vater gewertet wissen, sondern können sich anders gestaltete Kontakte durchaus vorstellen."

Sie wendet sich an den Kindesvater. „Ich denke, Sie haben da noch etwas zu verbessern, was die kindgerechte Ausgestaltung ihres Haushaltes angeht und auch ihr Verhalten bei Umgangskontakten in Ihrem Haushalt stärker auf die Kinder abzustimmen." Und uns zugewendet: „Für Sie als Pflegeeltern bedeutet das, Umgangskontakte zuzulassen und aktiv mitzugestalten. Das wird in Zukunft Ihre Aufgabe sein."

Dann folgt der Spruch.

„Das Gericht sieht die Wahrung des Kindeswohls in dem vorliegenden Fall als übergeordnetes Prinzip an. Der Wille der Kinder ist klar zu Ausdruck gekommen, aber auch die Rechte des Klägers sind in angemessenem Maße zu berücksichtigen. Deshalb sieht das Gericht Übernachtungsbesuche der Kinder als zur Zeit nicht durchführbar und sinnvoll an. Es gibt dem Jugendamt auf, Umgangskontakte so zu gestalten, dass der Kindeswille Berücksichtigung findet und die Pflegeeltern angemessen mit einzubeziehen. Angesichts der jetzt zugespitzten Situation hält das Gericht eine Aussetzung der Umgangskontakte für mindestens ein halbes Jahr für erforderlich. Danach können Umgangskontakte sukzessive aufgebaut werden. Sollten die Kinder sich Umgangskontakte wünschen, so ist ihrem Wunsch in angemessener Weise nachzukommen. Ich schließe hiermit die Sitzung."

Die Türen werden geöffnet, die Beteiligten verlassen den Raum. Der Kindesvater stürzt mit seinem Anwalt aus dem Gebäude, ohne von uns oder seinen Kindern Notiz zu nehmen, geschweige denn sich zu verabschieden. „Das ist doch ein gutes Ergebnis", muntert uns unsere Anwältin auf. „Das Jugendamt hat konkrete Auflagen bekommen und der Umgang ist erst einmal vom Tisch. Ich glaube, wir können zufrieden sein."

Gewiss, das Ergebnis hätte schlimmer ausfallen können. Das Gericht hätte Umgangskontakte anordnen können, ohne Rücksicht auf die Folgen, und wir wären gezwungen gewesen, diese zu unterstützen. Das ist uns erspart geblieben.

Nach diesem anstrengenden Nachmittag müssen wir uns und den Kindern etwas Gutes tun. Wir suchen uns eine Eisdiele am Stadtrand und lassen es uns gut gehen. „Ich bin froh darüber, dass wir jetzt nicht mehr nach Berlin fahren müssen", zeigt Jeannett ihre Erleichterung. „Ihr seid unsere Eltern. Und so soll es auch bleiben. Wenn wir wollen, können wir unseren Vater besuchen. Das ist doch gut." Die Kinder kuscheln sich an uns. Später im Auto während der Rückfahrt schlafen beide friedlich auf ihren Sitzen.

Therapie erfolglos

Die Therapeutin will nicht...

Traumatisierte Pflegekinder brauchen eine Therapie. Es darf jedoch nicht jede x-beliebige Therapie sein. Sie soll dem Kind helfen, die traumatischen Erlebnisse zu verarbeiten oder zumindest damit leben zu können. Pflegeeltern haben es aber häufig sehr schwer, das Kind in eine Therapie ihrer Wahl unterzubringen. Meist sind sie froh, dass überhaupt ein Therapieplatz zu bekommen ist.

Wir sind heute zu einem Elterngespräch bei Frau Dr. Meyer-Frankenfeldt, Susanns Therapeutin. Sie ist eine ältere Frau mit leiser Stimme und immer wohl gewählten Worten. Ihr Therapieansatz ist tiefenpsychologisch orientiert. Sie malt und spielt mit Susann und redet währenddessen mit ihr. Wir möchten sie heute darauf ansprechen, Susann einem Traumatherapeuten vorzustellen.

„Susann ist ein hoch traumatisiertes Kind", erklärt uns Frau Meyer-Frankenfeldt mit betont ruhiger Stimme. „Was sie in ihrer Kindheit erlitten hat, können wir alle uns nicht vorstellen. Es hat Auswirkungen auf die Funktionsfähigkeit ihres Gehirns gehabt. Sie können sie nicht mit denselben Maßstäben messen wie jedes andere Kind." „Susann hat uns erzählt, dass sie in den Therapiesitzungen spielt und malt. Welchen Stellenwert hat das im Rahmen der Therapie?", möchte ich wissen.

„Susann kann währenddessen frei assoziieren und gibt mir einen Einblick in ihre frühkindlichen Erlebnisse, aber auch in ihre Bindungen an den leiblichen Vater und an sie", erklärt die Therapeutin mir. „Ihr fehlt natürlich ihre Mutter, zu der sie überhaupt keinen Kontakt mehr hat, aber sie überträgt ihre schlechten Erfahrungen auf ihre Pflegemutter. Der Vater spielt überhaupt keine Rolle mehr. Wenn überhaupt, dann existiert dort nur eine Angstbindung."

„Wie steht es denn mit der Bindung an uns als Pflegefamilie", fragt Ruth. "Susann ist ganz eng an Sie gebunden", antwortet sie. „Besonders ist sie an den Pflegevater gebunden. Mit Ihnen als Pflegemutter verbindet sie eine Übertragungsbindung. Sie projiziert ihre ganzen frühkindlichen Erfahrungen der Vernachlässigung durch ihre leibliche Mutter auf Sie", wendet sie sich an Ruth. „Sie müssen da sehr stark sein und beziehen Sie Susanns Aggressionen und Angriffe bloß nicht auf Ihre Person. Sie meint Sie damit gar nicht, sondern eigentlich ihre eigene Mutter."

„Wie glauben Sie, Frau Meyer-Frankenfeldt, dass unsere Rolle bei der Verbesserung von Susanns Situation ist und wie ist Ihre Rolle?", gehe ich jetzt etwas tiefer mit meinen Fragen. „Wie können wir alle gemeinsam daran wirken, Susann auf einen besseren Weg zu bringen, damit sie sich zu einem ganz normalen Mädchen entwickelt?"

„Sie müssen sich von dem Gedanken trennen, dass Susann jemals zu einem normalen Mädchen wird", nimmt sie uns die Illusion. „Susann wird immer an ihrer Vergangenheit leiden. Es ist schon viel, wenn wir sie in ihrem jetzigen Zustand halten können. Ich rate Ihnen, ihr einfach viel Liebe und Verständnis entgegen zu bringen. Mehr können Sie nicht tun, und das ist schon viel. Wer weiß, wo sie ohne Sie sonst wäre."

Jetzt komme ich zum Eigentlichen. „Wir haben uns informiert und erfahren, dass es Therapien gibt, die das Trauma von Anbeginn aufarbeiten", erkläre ich, „und das der Einsatz von EMDR dabei besonders hilfreich ist."

„Ach wissen Sie", wehrt die Therapeutin ab, „das würde bedeuten, dass wir diese jetzt laufende Therapie sehr behutsam beenden müssten. Dann müsste Susann sich auf einen anderen Therapeuten einlassen, und es ist nicht gesagt, dass das funktioniert. Ein anderer Therapeut müsste sie auch zuerst kennen lernen und über eine lange Zeit hinweg ihr Vertrauen erlangen. Dann erst könnte er richtig anfangen zu arbeiten. Es bedeutet ja auch einen erneuten Bindungsabbruch für Susann und die Etablierung einer neuen Bindung. Auch ein Traumatherapeut arbeitet auf der selben Basis wie ich, es gibt da kaum einen Unterschied. Susann ist multipel traumatisiert. Also müsste ein Traumatherapeut auch erst damit beginnen, ein Trauma zu bearbeiten, bevor er mit dem nächsten beginnt. Ich halte das für eine ganz schlechte Idee."

„Würden Sie also nicht zustimmen, wenn wir Susann einem Traumatherapeuten vorstellen würden", komme ich jetzt zum Knackpunkt.

„Wir sollten noch einmal in Ruhe darüber sprechen", windet sie sich. „Man darf solche weit reichenden Entscheidungen nicht zu voreilig fällen. Wir sind sowieso am Ende der Zeit. Lassen Sie uns das nächste Mal darüber sprechen."

Eine höfliche Verabschiedung und wir haben wieder keine klare Aussage. Irgendwie haben wir viel erfahren, was wir schon wussten. Wir wissen, dass Susann multipel traumatisiert ist. Wir wissen, dass sie die Erfahrungen mit der Vernachlässigung ihrer leiblichen Mutter auf Ruth überträgt. Aber wir wollen uns nicht damit abfinden, dass Susann nicht zu helfen ist. Wir wollen eine Therapie nach den neuesten Erkenntnissen der Wissenschaft.

Die Therapeutin spricht

Pflegeeltern traumatisierter Pflegekinder können sich glücklich schätzen, wenn sie es schaffen, für ihre Kinder eine Therapie zu organisieren und diese sich darauf einlassen. Eine Therapie sollte den Pflegekindern helfen und den Pflegeeltern Anleitung geben,die Defizite ihrer Pflegekinder zu verstehen und mit ihnen umzugehen.

Wir haben schon lange den Eindruck, dass das bei der Therapie von Frau Dr. Meyer-Frankenfeldt nicht der Fall ist. Also thematisieren wir beim nächsten Elterngespräch unsere Probleme und schildern Susanns Verhaltensauffälligkeiten, die uns immer öfter an unsere Grenzen bringen.

„Susann ist in ihrer Kindheit schwer mehrfach traumatisiert worden", erklärt uns die Therapeutin. „Das zeigt sich natürlich in ihrem Verhalten."

„Welches Ziel verfolgen Sie mit Ihrer Therapie?", erkundige ich mich. „Es gibt nur ein Ziel und das ist die Erhaltung des Status Quo", antwortet die Ärztin. „Susann leidet unter einer schweren Persönlichkeitsstörung. Wenn Susann Sie nicht hätte, mag ich mir nicht vorstellen, was passieren würde. Sie würde in der Gosse landen, sich prostituieren oder in schwere Depressionen verfallen, es wäre das sichere Ende ihres geregelten Lebens. Nur Sie können ihr die Kraft geben, die sie braucht, um ein halbwegs normales, behütetes Leben zu führen."

Wenn diese Frau wüsste, wie es bei uns zu Hause aussieht und dass schon lange alle Grenzen überschritten sind! Erst gestern hat Susann eine Stunde lang in Anwesenheit unserer Familienhelferin Randale gemacht. Wir fanden später leere Briefchen mit Schwarzteekonzentrat für 1 1/2 l Tee aus unserem Vorratsschrank. Susann hat sich damit einen Liter Tee gemacht und diesen auf einmal hinuntergestürzt. Kein Wunder, dass es ihr danach schlecht ging.

„Welche Mittel setzen Sie denn für die Therapie ein?", interessiere ich mich schließlich. „Ich lasse Susann ihre frühkindlichen Erfahrungen reinszenieren. Darüber hinaus übe ich mit ihr lesen und rechnen, um ihr Selbstbewusstsein zu stützen", antwortet die Spezialistin.

„Wir würden eine stationäre Langzeitdiagnostik als Vorstufe für eine Traumatherapie befürworten", rege ich nun an.

Die weise wirkende Dame lächelt mild ob meiner Anmaßung. „Ach wissen Sie, wir kennen doch die Diagnose. Eine Langzeitdiagnose wäre völlig ungeeignet für die Verbesserung des Zustandes des Kindes. Es würde Susann nur aus ihrem gewohnten Umfeld herausreißen. Sie braucht Ihre Nähe und Fürsorge."

Warum habe ich nur das Gefühl, dass Susanns Therapeutin uns nicht versteht oder ganz bewusst nicht verstehen will? Auch wenn Sie ihre Argumente nicht von der Hand zu weisen sind.

So kommen wir jedenfalls nicht weiter. Wir wissen, dass die Reinszenierung ihrer frühkindlichen Erfahrungen Susann nicht gut tut, sondern bei ihr eher dissoziative Reaktionen hervorruft, die wir nicht mehr steuern können. Wir zweifeln immer mehr daran, dass die Therapie zu irgend einem Erfolg führen wird.

Ich will nicht mehr zur Therapie!

Es gibt Pflegeeltern, die kämpfen endlos für eine Therapie für ihre traumatisierten Pflegekinder. Aber nicht alle Therapien sind geeignet. Verhaltenstherapien kommen nicht auf den Grund der Probleme und Symptome, ebenso nicht die systemischen Therapien. Tiefenpsychologische Therapien gehen zwar auf den Grund, aber sie konfrontieren das Kind durch das Wiedererleben der Traumata mit ihrer Kindheit und bergen so die Gefahr der Retraumatisierung.

Das Kind bemerkt das natürlich auch und verweigert sich nach Jahren den therapeutischen Bemühungen des Behandlers. Das ist bei Susann nicht anders. Immer öfter versucht sie, die Therapie zu umgehen. Sie verpasst den Bus oder steigt nur mit Murren ins Auto, wenn ich sie hinfahren will. Ist sie einmal da, kommt sie mit Absicht zu spät, was die Therapeutin überhaupt nicht goutiert. Frau Meyer-Frankenfeldt hat dafür kein Verständnis. Sie meint, wir müssten sicher stellen, dass Susann zur Therapie erscheint.

Eines Tages ist es so weit. Susann erklärt mir schon morgens vor der Schule, dass sie nicht zur Therapie gehen wird. Was also soll ich tun? Ich kann sie ja nicht mit Gewalt ins Auto laden und sie festbinden.

Also rufe ich die Therapeutin an. Ihr scheint die Situation so wichtig zu sein, dass sie sofort Zeit für mich hat. Ich steige ins Auto und fahre los.

Dort angekommen, werde ich höflich begrüßt. Ich darf auf der Couch Platz nehmen. „Frau Meyer-Frankenfeldt, Susann hat mir heute Morgen erklärt, dass sie alle weiteren Therapietermine verweigert. Ich kann sie nicht zwingen." „Das ist aber ganz schlecht", antwortet sie mir finster. „Wenn Susann in ihrer jetzigen Situation keine therapeutische Begleitung mehr hat, weiß niemand, was mit ihr passiert."

„Wir würden ja auch eine Traumatherapie bevorzugen, die auf der Basis von EMDR stattfindet", erwidere ich so vorsichtig und höflich wie möglich. „Aber auch bei einem Therapeutenwechsel müsste der Nachfolger ja zunächst das Vertrauen Susanns gewinnen, bevor er mit EMDR beginnen könnte" gibt sie zurück. „Traumatherapie ist letztlich nichts anderes als ganz normale Psychotherapie. Und EMDR ist bei weitem noch nicht gänzlich erforscht und erprobt. Susann ist jetzt auf einem guten Weg, aber ob sie jemals ohne therapeutische Hilfe auskommen wird, bezweifle ich."

„Jedenfalls möchte Susann keinesfalls mehr zur Therapie kommen", versuche ich das Gespräch wieder auf das eigentliche Problem zu lenken. „Das ist ja auch kein Wunder", belehrt mich die Therapeutin streng, „oder meinen Sie, dass Susann nicht bemerkt, dass Sie nicht mehr hinter der Therapie stehen? Das sieht sie natürlich als Chance." „Im Moment ist es jedenfalls so, dass Susann mit zwei Sitzungsterminen völlig überfordert ist", versuche ich zu argumentieren. „Sie schafft ihre Hausaufgaben nicht und sie hat so gut wie keine Freizeit." „Aber was würde sie denn mit ihrer Freizeit anfangen? Meinen Sie wirklich, sie würde sie sinnvoll nutzen? Die Therapie IST eine sinnvolle Beschäftigung in der Freizeit."

Die Frau begreift nicht, worum es geht. Also versuche ich einen Kompromiss. „Wie wäre es, wenn ich heute Nachmittag zusammen mit Susann erscheine? Dann kann sie Ihnen selbst erzählen, was sie dazu meint."

Ihr Gesichtsausdruck verfinstert sich. „Die Therapiesitzungen sind eigentlich nur für den Patienten da. Sie werden allein durch Ihre Anwesenheit beeinflussen, was Susann sagt.“ Vielleicht, denke ich, fühlt sie sich durch mich aber auch beschützt? „Es gibt keine andere Möglichkeit“, insistiere ich. „Susann möchte es so und ich habe auch kein Problem damit.“

Zähneknirschend stimmt die alte Dame zu. Als Susann aus der Schule kommt, mache ich ihr den Vorschlag. „Ich will da nicht mehr hin!“, weint sie. „Aber wenn ich dabei bin, dann kannst du doch Frau Meyer-Frankenfeldt alles erzählen, was du meinst!“, wende ich ein. „Niemand wird dir den Mund verbieten.“ Schließlich stimmt Susann schweren Herzens zu.

Am Nachmittag sitzen wir wieder auf der Couch bei Frau Meyer-Frankenfeldt. Susann blickt mich hilfesuchend an. Ich gebe ihr eine aufmunternde Geste. Schließlich fasst sie sich ein Herz.

„Ich möchte nicht mehr zur Therapie“, erklärt sie. „Aber warum nicht?“, will die Therapeutin wissen. „Ich habe so viel Hausaufgaben und schaffe sie immer nicht und ich möchte auch ein bisschen Freizeit haben.“ „Was möchtest du denn in deiner Freizeit tun?“, fragt die Therapeutin nach. „Ich bin jetzt bei der freiwilligen Feuerwehr und ich möchte auch mal mit anderen Kindern spielen“, argumentiert Susann. „Also gut, wenn du es so willst… Aber wir sollten uns auf jeden Fall im Laufe des nächsten Monats verabschieden und die Therapie beenden“, macht Frau Meyer-Frankenfeldt deutlich. Susann stimmt halbherzig zu.

Zu Hause kommt Susann mit der Wahrheit heraus. „Weißt du, Papa, ich möchte eigentlich auch nicht diese Verabschiedung. Wozu soll das sein? Ich möchte leben wie ein normales Kind, ohne Therapie.“ „Ok“, stimme ich zu, „aber dann musst du Frau Meyer-Frankenfeldt jetzt am Besten gleich anrufen und ihr sagen, dass du nicht mehr kommst.“ „Das mach ich“, sagt sie und springt energisch auf und zum Telefon. Aber die Therapeutin ist nicht erreichbar. Ich habe den Eindruck, dass sie weiß, was auf sie zukommt und sich verleugnen lässt.

Erst nach Tagen, als der nächste Sitzungstermin fällig ist, erreicht Susann Frau Meyer-Frankenfeldt. „Ich wollte Ihnen bloß sagen, dass ich nicht mehr zur Therapie komme“, sagt sie mutig. Am anderen Ende der Leitung zunächst Stille. „Gar nicht mehr? Heute auch nicht?“ Susann bleibt standfest. „Nein, heute nicht und auch nicht wieder“.

Susann legt auf. Sie kommt tobend in die Küche gerannt und macht einen Luftsprung. „Hurraaah, ich bin befreit!“

Es bleibt bei mir ein Unwohlsein. Haben wir Susann Jahre lang eine Therapie zugemutet, die sie eigentlich nicht wollte? War diese Therapie die richtige? Hat sie überhaupt etwas bewirkt? Wird es ein Neuanfang oder nur eine Verschlimmerung der Situation? Werden wir es schaffen, sie in eine Traumatherapie zu bekommen? Oder ist das alles unsinnig? Sind wir eigentlich die Therapeuten und schaffen es alleine?

Wir wissen es nicht. Wir können nicht ahnen, wo diese Reise endet. Wir haben nur eine Ahnung davon, wie krank dieses Kind, dem in seiner Kindheit so viele Schmerzen und Wunden zugefügt wurden, wirklich ist.

Offener Streit mit dem Jugendamt

Pflegeeltern müssen sich ständig rechtfertigen. Das Jugendamt will ständig wissen, was los ist und die Entwicklung in seinem Sinne beeinflussen. So ein Tag ist heute.

Ruth hat Dienst, sie kann nicht dabei sein. Ich sitze einer merkwürdigen Mischung gegenüber: Frau Schilling und Frau Gerster sind dabei, weiter die Leiterin des Jugendamtes, Frau Müller und die Psychologin des Landkreises. Eine Praktikantin ist auch dabei. Nach der höflichen Begrüßung der Anwesenden lasse ich es gleich krachen.

„Ich widerspreche in aller Schärfe der Anwesenheit von nicht berechtigten Teilnehmern", mache ich deutlich.

„Sie meinen die Praktikantin? Dazu haben Sie natürlich das Recht", erwidert die Leiterin des Jugendamtes. „Ich bitte Sie, den Raum zu verlassen", wendet sie sich an die Praktikantin. Beleidigt schließt die junge Frau die Tür hinter sich.

„Darüber hinaus muss ich feststellen, dass die Zusammensetzung der Teilnehmer des Gespräches nicht den gerichtlichen Vorgaben entspricht", setze ich meine Kritik beherzt fort. Frau Schilling verzieht das Gesicht. „Aber wir haben alle Fachleute, die mit dem Thema befasst sind, beisammen", rechtfertigt sie sich.

„Ich kann nicht erkennen, dass irgend jemand, der mit der Behandlung der Kinder befasst ist, anwesend ist", fahre ich fort. „Es sind nur Anwesende zugegen, die eindeutig die Interessen des Jugendamtes vertreten, aber niemand, der das Kindeswohl im Auge hätte." „So ist das aber nun nicht", empört sich Frau Schilling, „Wir alle haben nur das Wohl der Kinder im Auge!" „Das kann ich nicht erkennen", gebe ich zurück. „Vielmehr habe ich den Eindruck, dass, besonders was die Besuchskontakte angeht, es mehr um den leiblichen Vater als um die Kinder geht."

„Sie möchten also eine andere Zusammensetzung der Gesprächsteilnehmer?", erkundigt sich Frau Müller. „Wie stellen Sie sich das vor? Die Therapeuten, die Sie gerne am Tisch sitzen haben wollen, lassen sich das bezahlen. Das können wir nicht leisten." „Für mich ist nicht erkennbar, dass es sich hier um mein Problem handelt", erwidere ich. „Wenn es sich um das Wohl der Kinder handelt, sollte es möglich sein, dafür auch ins Portemonnaie zu greifen."

Betroffen blicken sich die Damen an.

„Aber wir haben doch hier eine Anwesende, die vom Fach ist", versucht Frau Müller die Psychologin ins Spiel zu bringen. Diese fängt den Ball auf. „Ich habe festgestellt, dass beide Kinder dringend eine Therapie brauchen. Ich würde für eine Behandlung plädieren, die so bald wie möglich einsetzt."

„Susann war doch in Therapie", wendet sich Frau Schilling an mich. „Warum haben sie sie abgebrochen?" „Weil es die falsche Therapieform ist. Eine Traumatherapie ist die einzige angemessene Therapieform", antworte ich jetzt mutig. „Das festzustellen und zu erläutern, hätte ein entsprechender Therapeut leisten können."

„Frau Meyer-Frankenfeldt hat mir gegenüber in einem Telefonat ebenso bestätigt, dass ein Therapeutenwechsel jetzt das Schlimmste ist, was man tun könnte", hält Frau Schilling dagegen und ergänzt „Ich bin kein Therapeut, ich kann mich da nur auf die Aussage von Fachleuten verlassen." „Dann bemühen Sie doch auch Fachleute!", insistiere ich.

„So kommen wir nicht weiter", stellt Frau Müller unter dem Kopfnicken der anderen Anwesenden fest. „Das sehe ich auch so", bestätige ich und fahre fort: „Es ist wohl sinnvoll, das Gespräch wieder aufzunehmen, wenn Sie dafür Sorge tragen, dass den gerichtlichen Vorgaben auch wirklich Folge geleistet wird, Anderenfalls haben wir noch immer die Möglichkeit, das gerichtliche Verfahren wieder aufzunehmen."

Das war´s. Höflich werde ich verabschiedet und trete, mit etwas Stolz, den Heimweg an. Der Ausgang des Treffens war vorhersehbar.

Die Eskalation

Susanns Flucht

Susann ist weg. Gegen halb zwei verlässt sie das Haus mit den Worten: „Ich bin jetzt weg.“ Was hat das zu bedeuten? In früheren, ähnlichen Ereignissen ist sie einmal durch den Garten oder um den Block gelaufen, kam dann wieder und war ganz entspannt. Wir hoffen, dass es diesmal wieder so ist.

Der Anlass verheißt nichts Gutes. Als wir Susanns Zimmer betreten, finden in dem Chaos aus zerrissenem Papier und auf dem Boden umher liegenden Kleidungsstücken in ihrem Rucksack eine Tafel Schokolade und eine Tüte Schokoladenbonbons, die sich Ruth im Wohnzimmer zurechtgelegt hatte, um sie mit zum Dienst zu nehmen. Sonst finden wir in Susanns Zimmer eine Schachtel mit halbierten Äpfeln, drei Bürsten von Jeannett und einen Kopfhörer von mir zwischen verdreckten Unterhosen.

Wie oft habe ich versucht, Susann dabei zu helfen, ihr Zimmer aufzuräumen und aufgeräumt zu halten. Es genügte, dass ich auf dem Bett saß und las oder wir uns unterhielten. Vergeblich. Keine Stunde hat es gedauert, und das Zimmer war wieder im Chaos. Wie chaotisch muss es in ihrem Kopf und ihrer geschundenen Seele aussehen!

Um halb vier rufe ich den Kindernotruf an. Die diensthabende Jugendamtsmitarbeiterin empfiehlt mir, die Polizei zu verständigen. Man rät mir, selber zu suchen, an den Orten, wo sie sich normalerweise aufhält. Jeannett und ich fahren zu ihrer besten Freundin und erfahren, dass beide zu einer dritten Freundin gegangen sind. Wir nehmen die Spur auf.

Die Mutter der Freundin ist nett. Sie hätte nicht gedacht, dass die beiden anderen zuhause nicht Bescheid gesagt haben. Die drei sind jetzt auf einem Spielplatz. Dort holen wir die Mädel ab. Als sie wiederkommen, ist die Polizei auch schon da, um sich davon zu überzeugen, das alles ok ist. Susann hat nicht das geringste Schuldgefühl. Sie meint, sie hätte uns Bescheid gesagt und wäre auch wieder nach Hause gekommen.

Ist das nur gutes Theater? Oder weiß sie nichts mehr über den Anlass? Es scheint so. Sie leugnet, die Süßigkeiten aus dem Wohnzimmer genommen zu haben. Sie kann sich nicht erinnern. Es ist wie immer. Sie tut etwas, kann sich nicht erinnern und fällt in ihre Schattenpersönlichkeit zurück, wenn sie mit den Tatsachen konfrontiert wird. Dann wird sie entweder aggressiv und tobt oder sie sitzt in sich gekehrt da und ist nicht ansprechbar. Wir sehen keinen Fortschritt in ihrer Entwicklung. Wir haben das Wissen, aber es fehlt uns kompetente, zielorientierte Hilfe.

Für Hilferufe nicht zuständig

Susanns Zustand verschlimmert sich täglich. Also schreibe ich in einem Akt der Verzweiflung eine Klinik an, die bekannt ist für ihre effektive Traumatherapie. Ich hege die Hoffnung, dass es möglich sein muss, Susann zu helfen. Dies ist der Brief.

<u>Dringender Behandlungsbedarf unserer mehrfach traumatisierten Pflegetochter Susann Sodann</u>

Sehr geehrter Herr Dr. XXXXX,

wir wenden uns an Sie, weil wir dringend Hilfe für unsere 12-jährige Pflegetochter benötigen, die nunmehr seit Juni 200X gemeinsam mit ihrer älteren Schwester in unserer Familie wohnt.

Seit ca. einem Jahr verstärken sich die Symptome der posttraumatischen Belastungsstörung. Sie überträgt ihre Erfahrungen ihrer frühesten Kindheit auf meine Frau, reagiert ihr gegenüber sehr aggressiv, reinszeniert die erlebten Situationen in unserer Familie und isoliert sich durch ihr unkontrolliertes Verhalten von unserer Familie. Die anbrechende Pubertät führt zu heftigen Aggressionsschüben. Es ist Dyskalkulie diagnostiziert worden, die Versetzung in die nächste Klasse ist gefährdet.

Gemeinsam mit dem zuständigen Jugendamt sehen wir die Notwendigkeit, Susann schnell und kompetent zu helfen. Voraussetzung für eine Diagnostik und Therapie ist für uns, dass sie von einem auf Traumatologie spezialisierten multiprofessionellen Team behandelt und betreut wird, sowie die Einbeziehung von uns als Pflegeeltern und Bezugspersonen in Entscheidungs- und Therapieprozesse. Wir halten Ihre Klinik auf Grund der Darstellung Ihrer Therapiemethoden und Ihres Behandlungskonzeptes in Ihrem Internetauftritt für besonders geeignet und würden gern persönlich mit Ihnen das notwendige weitere Vorgehen besprechen.

Die akute Krise unserer Pflegetochter macht schnelles Handeln einerseits erforderlich. Andererseits möchten wir Susann nicht in eine Einrichtung geben müssen, in der unsere intensive Einbeziehung und die Anwendung spezifischer Therapiemethoden nicht gewährleistet ist.

Wir gehen davon aus, dass unsere gesetzliche Krankenkasse die Kosten der Diagnostik und Therapie übernimmt. Darüber hinaus gehende Leistungen können durch Ansprüche nach Opferentschädigungsgesetz gedeckt werden. Gutachten nach § 35a KJHG und OEG liegen vor. Wir gehen davon aus, dass der sorgeberechtigte Kindesvater uns für unser Vorhaben zeitnah bevollmächtigt oder ggf. seine Zustimmung gerichtlich ersetzt wird.

Wir bitten Sie, uns in dieser schwierigen Situation, die wir trotz Supervision nicht mehr lange bewältigen können, behilflich zu sein. Sie können mich per e-mail oder über 01xx-xxxxxxx erreichen. Ich würde Sie ebenfalls versuchen, in den nächsten Tagen zu erreichen, auch gern zu einem von Ihnen bestimmten Zeitpunkt.

Vielen Dank im Voraus für Ihr Verständnis und Ihre Mühe.

Freundliche Grüße

P.S.: Die Antwort erfolgte durch einen Anruf der Sekretärin des Chefarztes bei uns, in dem sie uns mitteilte, dass auf Grund der Zuständigkeit für ein Versorgungsgebiet eine Aufnahme in der XXXXX-Klinik nicht möglich sei.

P.P.S.: Wir sind entsetzt. In unserem Staat gibt es für diejenigen, denen in ihrem Leben am schlimmsten mitgespielt wurde, offensichtlich die wenigste Hilfe. Schicksale werden verwaltet, es gibt für jedes Problem eine Zuständigkeit, alles ist sozial ausgewogen. Wer kümmert sich eigentlich um den seelischen Zustand dieser verletzten Menschen? Warum wird es dem Zufall überlassen, welche Behandlung dem Traumatisierten widerfährt und ob die für das Versorgungsgebiet zuständige Klinik auf die Bedürfnisse des Einzelnen überhaupt passt? Warum darf der Traumatisierte sich nicht die neuesten, besten, effektivsten Behandlungsmethoden aussuchen? Warum gibt es so wenig Traumatherapeuten, dass diese auf Jahre hinaus ausgebucht sind? Warum gibt es immer noch Therapeuten, die EMDR und andere Traumatherapien als unwirksam darstellen können? Und warum vertrauen die Jugendämter ausgerechnet, denen, die eine Traumatherapie diskreditieren?

Die wichtigste aller Fragen lautet: Warum dürfen Sorgeberechtigte diese Therapie durch die Verweigerung ihrer Zustimmung verhindern und erzwingen eine gerichtliche Auseinandersetzung über ihre Weigerung, deren Ausgang mehr als ungewiss ist?

Chaotische Zustände

Heute ist wieder so ein Tag. Susann verweigert alles und ist aggressiv. Sie weiß genau, wo sie uns packen kann, wie sie es anstellt, die Situation hoch zu schaukeln. Wir finden in ihrem Zimmer knietief Papier, bekritzelt, zerknüllt, mitten drin halb geleerte Quarkbecher und angebissene Stullen. Sie nimmt alles, was sie erreichen kann.

Die Situation ist chaotisch. Um ihr keine Chancen mehr zu geben, verschließen wir die Küchentür und öffnen sie nur zu den Mahlzeiten. Mein Büro ist verschlossen und meine Vorräte an Kopierpapier sind darin verborgen, ebenso wie meine Vorräte an Schreibpapier für den Schulunterricht der Kinder. Es muss immer wieder in unbeobachteten Momenten geschehen.

Natürlich wissen wir, dass Kinder, die in ihrer frühesten Kindheit vernachlässigt wurden, sich Vorräte anlegen. Susanns Vorräte sind binnen einer Stunde verschwunden, wie groß sie auch immer sein mögen. Jederzeit kann sie uns fragen, ob sie das eine oder das andere haben darf. Und meistens bekommt sie es. Aber das ist uninteressant. Es scheint ihr der Kick zu fehlen, etwas Heimliches zu tun. Hat sie es getan, scheint die Verheimlichung uninteressant zu sein. Es ist zwanghaftes Verhalten.

Wir können natürlich nicht alles verschließen. Der zweite Kühlschrank im Keller ist immer erreichbar. Den Vorratsschrank halten wir verschlossen. Einkäufe sind zum unplanbaren Risiko geworden.

Um zu verhindern, das Susann ihre Kleidung aus dem Schrank zerrt und bekritzelt und zerreißt, heben wir sie außerhalb ihres Zimmers auf, so dass sie nicht selbst drankommt und teilen sie ihr zu. Ruth ist traurig und enttäuscht darüber, dass Susann die hübschen, eigens ausgesuchten Kleidungsstücke so behandelt. Schuhe sind innerhalb weniger Wochen völlig zerschlissen und unbrauchbar, daran haben wir uns gewöhnt.

Alles vergeblich. Susann geht jetzt an die Schränke im Schlafzimmer und Jeannetts Zimmer und holt sich, was sie meint, zu brauchen. Wir finden in ihrem Zimmer ein Nachthemd von Ruth, Unterhosen und einen BH von Jeannett. Wo soll das enden??

Du bist meine Mutter!

Susanns Zustand verschlimmert sich von Tag zu Tag. Ihre Aggressivität wächst ständig, besonders gegenüber Ruth.

Susann reinszeniert, was das Zeug hält. Sie hält Ruth für ihre leibliche Mutter, kann nicht mehr unterscheiden. Sie war damals dabei, als ihr Vater sie fast erschlagen hat. Aber auch ihre Mutter muss ihr viel angetan haben.

„Susann, kommst du bitte in den Keller. Wir müssen die Wäsche aufhängen." „Nein, wieso." „Weil auch deine Wäsche dabei ist." Susann tobt. „Du hast mir gar nichts zu sagen. Du bist richtig unverschämt." Ruth stürzt nach oben in die Küche. Sie ist in Tränen aufgelöst. Susann schlägt ihre Zimmertür hinter sich zu.

Ruth fällt mir schluchzend in die Arme. „Nico, ich halte das nicht mehr aus. Warum macht sie das mit mir? Warum macht sie unsere Familie kaputt? Was mache ich denn falsch? Ich hab doch gar nichts Schlimmes gemacht!“

Mir fallen alle möglichen guten Ratschläge von Ämtern, Fachleuten und anderen Pflegeeltern ein. „Nehmt Euch das nicht zu Herzen.“ „Sie meint gar nicht Euch.“ „Holt Euch kompetente Hilfe.“ Aus Seminaren mit Fachleuten weiß ich, was da passiert. Ich weiß, dass Susann Ruth gar nicht meint. Ich kenne die Mechanismen.

Ich bin mir sicher, wir schaffen das nicht alleine, wir brauchen Fachleute. Es gibt da die Möglichkeit der psychotherapeutischen Tageskliniken. Susann würde morgens dort hin abgeholt werden, eine Therapie machen und abends bei uns sein. Der Vorteil wäre, dass wir abends daran weiter arbeiten könnten, woran sie tagsüber gearbeitet hätte. Wir wären auch ganz stark mit einbezogen und zugleich entlastet.

Die andere Möglichkeit wäre eine längere, mehrwöchige stationäre Therapie. In den meisten Kliniken wären wir in den Therapieprozess mit einbezogen. Daran anschließen würde sich eine gute, wirksame Traumatherapie, die Schritt für Schritt die Situation verbessern würde. Aber ich habe auch schon recherchiert, dass es Kliniken gibt, die nur ganz allgemein therapieren, die mit Susanns Problemen wahrscheinlich gar nicht klar kommen würden. Das heißt, eine Unterbringung käme erst in Frage, nachdem ich mir die Klinik angesehen und mit den Ärzten gesprochen hätte. Wir wollen Susann auf keinen Fall irgendwo hin abschieben.

Ein kalter Januartag auf der Autobahn. Ich bin auf dem Weg in die Selbbachklinik. Die Chefärztin der Kinder- und Jugendpsychiatrie hat mir schnell und unkompliziert einen Termin gegeben. Von der Arbeit aus fahre ich siebzig Kilometer durch Dunkel und Schneetreiben. Die Klinik ist mir empfohlen worden. Der Internetauftritt verspricht Gutes: Gruppen- und Einzeltherapie, EMDR und Tramatherapien, die Susann helfen könnten. Eine Chefärztin mit Reputation und Engagement. Nur, dass die Chefärztin, die im Internet noch für die Klinik wirbt, plötzlich nicht mehr auffindbar ist. Die Klinik teilte mir mit, dass sie dort nicht mehr tätig sei. Egal. Kann eine Klinik so schnell ihren therapeutischen Ansatz wechseln?

Das Gelände ist schön. Bewaldet, mitten in einer natürlichen Umgebung. Schon stelle ich mir vor, wie wir Susann besuchen, wie wir mit Ärzten und Pflegern an Susanns Problemen kompetent zusammen arbeiten.

Die Chefärztin ist nett, ruhig und kompetent. Der Therapiehund liegt, erschöpft von seinem Tagewerk, zu meinen Füßen. Auf der Station geht es entspannt zu.

Ich schildere Susanns und unsere Probleme. Die Chefärztin hört ruhig zu und macht sich Notizen. Dann ihre Einschätzung.

„Wissen Sie, wir sind eine Rehabilitationsklinik. Wir sind keine therapeutische Klinik. Die Kinder, die zu uns kommen, haben Probleme, ja. Und wir können sie meistens lösen. Aber wir gehen da ganz konventionell vor. EMDR wenden wir nicht mehr an. Ihre Pflegetochter ist ja, nach Ihrer Beschreibung zu urteilen, stark traumatisiert. Wir haben hier nicht die Möglichkeit einer Diagnostik. Da spielt das

Verhalten auch eine große Rolle. Zum Schutz unserer anderen Patienten können wir aggressive Ausbrüche nicht dulden."

Und was heißt das? „In solchen Fällen würden wir das Kind sofort entlassen." Ich bemühe mich, freundlich zu sein und Verständnis zu zeigen. „Sollten Sie sich für einen Aufenthalt entscheiden, können Sie mich jederzeit wieder anrufen."

Ja, danke. Was soll das Ganze? Warum fahre ich hier stundenlang durch den Schnee? Nur um zu erfahren, dass Fachleute eigentlich auch nicht weiter wissen und letztendlich unbequeme Kinder abschieben? Das wollten wir nun gerade nicht.

Wie oft haben wir es schon gehört: Ein ganz komplizierter Fall, schwierig, jahrelange Therapie, schwer zu behandeln, überfordert unsere Möglichkeiten. Was denken diese Leute eigentlich, in welcher Situation wir sind?? Immerhin: Ich bin vorgelassen worden, ernst genommen worden, habe auf Augenhöhe mit einer Chefärztin reden können. Das streichelt etwas mein Ego. Aber das alles bringt uns keinen Deut weiter.

Besuch vom Jugendamt

Jugendämter haben einen schlechten Ruf. Verkrusteter Behördenapparat, Kinderklaubehörde, unprofessionelles Vorgehen, unberechenbare Entscheidungen, keiner Kontrolle unterworfen, das sind Einschätzungen, die man allenthalben hört. Verallgemeinerungen, die nur manchmal zutreffen.

Unsere Erfahrungen sind sehr unterschiedlich. Wir wissen, dass viel vom jeweiligen Sachbearbeiter abhängt. Die besten sind diejenigen, die sich einfühlen können und das Notwendige veranlassen. Es ist nicht einfach, einen Antrag auf eine Unterbringung in einer heilpädagogischen Pflegestelle durchzukriegen. Mit der Hilfe einer Sachbearbeiterin in einem anderen, damals für uns zuständigen Jugendamt ist der heilpädagogische Bedarf für Jeannett und Susann relativ unkompliziert verlaufen. Andererseits haben wir Sachbearbeiter kennen gelernt, die im Beisein unserer ältesten Pflegetochter (16 Jahre) gefragt hat: „Wo ist denn nun die kleine Sigrid?" Lesen sie die Akten nicht? Bereiten sie sich nicht auf Gespräche mit Pflegefamilien vor?

Wer in einem solchen Beruf arbeitet, braucht Durchsetzungskraft, die sich nicht gegen die Pflegefamilien richtet. Ein guter Sachbearbeiter muss in seinem Amt das für Pflegefamilien Notwendige und Machbare erreichen. Sparzwänge und dienstliche Vorgaben schränken seine Entscheidungsgewalt erheblich ein. Er kämpft an zwei Fronten. Es ist eine Position, die nicht beneidenswert ist. Und einige gehen den Weg des geringsten Widerstandes.

Frau Gerster hat sich angemeldet. Seit einigen Monaten ist sie für uns zuständig. Das Gespräch verläuft angenehm und professionell. Wir schildern unsere Erfahrungen mit den Kontakten mit den Kliniken und machen es dringlich, dass Susann professionelle therapeutische Hilfe bekommt. Wir brauchen Abstand und eine Auszeit.

„Wie halten Sie das bloß aus, das chaotische Zimmer, die Aggressionsschübe, die vielen Telefonate.“ Ihr Entsetzen zeigt uns ihr Mitgefühl, so gar nicht gespielt, so ehrlich, so wohl meinend. „Klar,“ sagt sie aufmunternd, „wir kriegen das hin, ich bemühe mich um die Zustimmung des Vaters, da gibt es keine Schwierigkeiten.“

Gott sei Dank, sie ist auf unserer Seite, sie versteht uns, sie vertraut auf unsere Kompetenz. Wer aber kennt zu diesem Zeitpunkt schon die vielen bürokratischen Hindernisse und weiß, dass alles ganz anders kommen soll.

Unser Gefühl nach Frau Gersters Besuch ist so, wie es sein soll. Positiv, bestärkt, unterstützt, wertgeschätzt. Wie lange hat uns dieses Gefühl schon gefehlt, wenn der Mitarbeiter des Jugendamtes unser Haus verließ!

Susann – wie krank ist sie wirklich?

Warum nimmt ein Mensch anderen etwas weg? Kann er seine Umgebung nicht leiden? Braucht er etwas, was andere haben? Hat er z.B. nicht genug Essen? Oder folgt er einem Trieb, den er nicht beherrschen kann? Ist er dann selbst schuld? Oder ist er krank?

Wir kennen Susann, besser als jeder andere. Wir kennen ihre herzerfrischende, ehrliche Art, ihre Zuneigung, ihre fließenden Bewegungen, ihr Talent, zu schauspielern. Wir kennen aber auch ihre dunkle Seite. Die ist so dunkel, dass es uns manchmal graut. Zugegeben: Sie ist schwer zu akzeptieren.

Eben ist Ruth nach Hause gekommen. Vor einigen Tagen hat sie ein Geburtstagsbäumchen von ihren Kollegen bekommen, eine Karte, ein Baum drauf gemalt und mit Zwanzig-Euro-Scheinen gespickt, damit sie sich etwas Schönes davon kaufen kann. „Nico? Hast du einen Zwanziger von meinem Geburtstagsbäumchen gebraucht? Es fehlt einer.“ Manchmal ist das so. Kein Bargeld im Portemonnaie, also schnell mal etwas geborgt und dann wieder zurückgegeben. „Nein, hab ich nicht.“

Der Baum sieht irgendwie zerfleddert aus. Befürchtungen, die fast Gewissheit bedeuten, steigen in uns auf. Wir sehen uns nur an. Zwei Menschen, ein Gedanke. Alles ist möglich. Jeannett ist noch nicht aus der Schule zurück, Susann noch in der Kita. Also beginne ich, zu forschen. Zuerst Susanns Zimmer, das, obwohl gerade vorgestern aufgeräumt, chaotisch ist. Ich bahne mir den Weg durch schmutzige Wäsche und verstreute Spielsachen zum Schreibtisch. In den Schubladen verschimmelnde Bananenschalen und Joghurtbecher, aber kein Geld.

Auch wenn ich mir schlecht vorkomme, aber es muss sein. Ich gehe nach oben in Jeannetts Zimmer und schaue auch da nach. Sei es nur, um sie zu entlasten. Was ich in den Bettschubladen finde, sind leere Joghurt-, Quark- und Milchverpackungen. Irgendwie kann ich es nicht glauben. Es passt so gar nicht zu ihrem momentanen Zustand. Sie ist stabil in der Schule und vernünftig, wenn es um Probleme geht. Was hat sich da abgespielt?

Die Situation schreit nach einer Klärung. Schnell muss es sein, am besten hier und jetzt. Susann kommt aus der Kita nach Hause, Jeannett aus der Schule. Die Familienhelferin Frau Sossna ist da. Eine gute Gelegenheit. Ich beginne.

„Susann, an Ruths Geburtstagsbäumchen fehlen zwanzig Euro. Weißt du, wo die geblieben sein könnten?“ Susanns Gesicht verfinstert sich, sie dissoziiert. Jeannetts Augen sind weit aufgerissen vor Entsetzen. „Nööö“ erwidert Susann, mit gebeugtem Kopf. Wir wissen, was das bedeutet. „Warum immer ich?“ brüllt Susann. „Immer müsst ihr mich verdächtigen. Jeannett könnte es ja auch gewesen sein.“ Jeannett faucht sie an. „Wie kommst du darauf? Ich klaue nicht mehr, ich habe es Mama versprochen, und dabei bleibt es.“

Jeannetts Blick fällt auf die Dinge, die ich aus ihrem Zimmer geholt und auf den Tisch gestellt habe. „Was ist das hier überhaupt? Ist das wieder aus Susanns Zimmer?“ Ich bemühe mich um Ruhe. „Das habe ich heute in deinem Zimmer gefunden. Es lag in der Schublade unter deinem Bett.“ Frau Sossna hört interessiert zu.

Jeannett ist entsetzt. „Das war ich nicht! Susann muss die Sachen in meinem Zimmer versteckt haben. Ich will, dass ihr mir vertraut! Ich mache so was nicht mehr!“ Susann ist in sich gekehrt. Frau Sossna spricht sie an. „Susann, das sieht nicht gut für dich aus. Sag lieber die Wahrheit.“

Susann explodiert. „Immer muss ich alles gewesen sein! Ihr seid so fies! Ich hasse euch alle!“ Sie springt auf, rennt in ihr Zimmer und knallt die Tür zu ihrem Zimmer zu. Gegenstände fliegen gegen Tür und Wände. Sie schreit und tobt. Jeannett weint leise. Frau Sossna und Ruth trösten sie. Schließlich wankt sie nach oben in ihr Zimmer und legt sich auf ihr Bett. „Das ist ja schrecklich, wie halten Sie das nur aus.“ Frau Sossna steht Hilflosigkeit ins Gesicht geschrieben.

Für uns ist es Alltag, und wir sind froh, dass jemand die Situation aus einer neutralen Position mitbekommen hat. Wir fragen uns, wie krank Susann wirklich ist. Wieder konnten wir beobachten, wie sich Susanns dissoziative Persönlichkeit äußert.

Ich glaube ihr, dass sie nicht weiß, was sie tut und sehe, wie sie von einem Teil ihrer Persönlichkeit in den anderen wechselt. Ihr alltagsnaher Persönlichkeitsanteil kennt ihren emotionalen Persönlichsanteil nicht. Sie tut etwas wie verstecken und entwenden, aber sie weiß davon im Alltag nicht. Wird sie mit den Folgen konfrontiert, gerät sie in einen Konflikt, den niemand von uns unbeschadet aushalten könnte.

Wie krank ist Susann wirklich? Ich glaube, wir können es nicht ermessen. Ein Therapeut könnte einen Eindruck davon gewinnen. Aber nur ein auf Traumatisierung spezialisierter Therapeut könnte ihr eventuell helfen, mit ihren vielfachen Traumatisierungen zu leben und sich entsprechend der Normen eines gemeinsamen Zusammenlebens zu verhalten.

Jeannett – benachteiligen wir sie?

Susann fordert unsere ganze Aufmerksamkeit. Sie braucht ständige Unterstützung bei den Hausaufgaben, wir helfen ihr aufzuräumen, wir holen verloren geglaubte Jacken, Turnschuhe und Unterrichtsmaterialien aus der Schule. Kommt Jeannett da zu kurz?

Es ist wieder einmal nachmittags. Jeannett sitzt am Computer und bereitet einen Schulvortrag vor. Damit ich Susann auch im Blick habe, sitze ich mit ihr neben Jeannett am Tisch und versuche ihr das Einmaleins beizubringen und helfe ihr bei den Mathe-Aufgaben. „Papa, kann ich das hier aus dem Internet benutzen?“, fragt Jeannett. Ich bin genervt. „Jeannett, siehst Du nicht, was ich hier tue? Ich kann jetzt nicht.“ Jeannett blickt traurig. Sie kommt nicht weiter. Und ich habe eine Chance verpasst, ihr zu zeigen, dass ich auch für sie da bin. Es ist ein Spagat.

Abends möchte Jeannett nach dem Abendbrot mit uns reden. Ruth ist wie immer auch dabei. „Ich bin sauer.“, beginnt sie. „Immer kümmert ihr euch um Susann. Nie kann ich euch was fragen, dann ist Susann wieder wichtiger. Ich will doch bloß eine ruhige, harmonische Familie. Bin ich euch überhaupt noch wichtig?“

Sie blickt nach unten und hat wieder diesen verkniffenen Gesichtsausdruck, den wir von ihr kennen, wenn sie sich nicht wohl fühlt. „Ich finde Susann unverschämt. Immer spielt sie sich in den Mittelpunkt.“ Sie hat Recht. Wie viel Zeit und Energie wenden wir auf, um Susann zu unterstützen. Vergessen wir dabei, dass Jeannett ebenso unsere Aufmerksamkeit und Zuwendung braucht? Aber wie bringen wir das hin, ohne dass eine von beiden sich benachteiligt fühlt? Wir versprechen, die Situation zu ändern, wohl wissend, dass es eigentlich nicht geht. Jeannett ist nicht zufrieden.

Manchmal fragen wir uns, ob es sinnvoll war, die beiden hoch traumatisierten Mädchen mit so viel Bedarf an Zuwendung in eine Familie zu vermitteln. Jugendämter hatten, als sie uns die Kinder vermittelt haben, ein ungeschriebenes Gesetz: Geschwister werden nie getrennt vermittelt. Es wird nicht genau untersucht, welche Schwierigkeiten es geben kann, wenn beide traumatisiert sind und sich womöglich gegenseitig triggern könnten.

Nun, nach fünf Jahren, ist sowieso alles zu spät. Wir müssen mit der Situation klar kommen. Es gibt kein Zurück. Die Vermittlung ist lange her und wir haben uns darauf eingelassen. Nicht einmal die Ämter haben sich vorstellen können, wie sich die Traumatisierung auswirken könnte.

Falsche Erinnerungen

Es gehört zu den Symptomen schwerst Traumatisierter, dass sie bestimmte Ereignisse nicht mehr einordnen können und falsch erinnern. Die posttraumatische Belastungsstörung lässt Ereignisse durcheinander geraten. Es ist schwer, die Folgen einzuordnen. Ein solches Erlebnis und die Folgen hat uns erschaudern lassen.

Es ist einer dieser Sonntage. Susanns Zimmer ist mal wieder im Chaos. Wir haben ersonnen, Susann auf eine andere Weise zum Aufräumen ihres Zimmers zu motivieren. Wir sitzen am Frühstückstisch und besprechen den Verlauf des Tages und der nächsten Woche. „Ich will ja mein Zimmer aufräumen”, beteuert Susann. „Gut”, erwidert Ruth. „Wie wäre es, wenn du uns ein Pfand dafür überlässt, irgend eine Sache, die du wirklich gern hast und dann wieder bekommst, wenn du´s geschafft hast.”

Susann überlegt kurz. Dann verschwindet sie und kommt mit dem Gamedisk wieder, den sie vor kurzem zu Weihnachten von uns geschenkt bekommen hat. Sie benutzt ihn gern, stellt sich damit Fragen und beantwortet sie. Ein so genanntes „pädagogisches Spielzeug”. Sie knallt ihn auf die Sitzbank. „Ich brauch den sowieso nicht mehr!” Typisch für traumatisierte Kinder, die keine Wertschätzung für materielle Dinge aufbauen können. Nichts besitzt einen Wert. Ehe eine Verpflichtung eingegangen wird, wird der Wert eines Gegenstandes geleugnet.

Aber es kommt noch abstruser. „Ich habe den Gamedisk ja schon mal geschenkt bekommen”, bemerkt sie mit schnippischem Unterton. Ruth ist entsetzt. „Wann hast du den denn schon einmal geschenkt bekommen?” fragt sie ungläubig. Jeannett blickt, als wolle sie sagen „Meine Güte, schon wieder so eine Lügengeschichte.” Mir schwant, was jetzt passiert. „Zu meinem letzten Geburtstag, und dann habt ihr ihn mir wieder weg genommen.”

Der Gamedisk lag schon lange bei unserem Vorrat an Geschenken, den wir für besondere Anlässe aufheben. Eigentlich wollte ich ihn Jeannet zu ihrem Geburtstag schenken, aber da hatte ich schon die „Löwenzahn”-CD-Sammlung, die sie am Computer benutzt. Es war offensichtlich: Für Jeannetts Alter war der Gamedisk nichts mehr, zu einfach und irgendwie langweilig. Aber für Susann war er zu Weihnachten genau richtig. Jeannett meldet sich zu Wort. „Du spinnst doch. Ich habe ihn noch nie vor Weihnachten bei dir gesehen.”

Ich versuche, Zugang zu Susann zu bekommen. „Susann, du erinnerst dich falsch. Denk doch mal nach. Du hast ihn doch vor Weihnachten noch nie gesehen.” Vergeblich. „Klar habt ihr ihn mir zum Geburtstag geschenkt und wieder weggenommen”, brüllt sie. „Ihr seid so fies, so gemein!”

Ich glaube, sie ist wirklich überzeugt von dem, was sie sagt. Es ist die Realität in ihrem Kopf. Wer weiß, was sie wieder aus der Vergangenheit auf uns projiziert. Wie gehen wir damit um? Jeannett hält ihre Schwester für verrückt, Ruth ist verstört, ich bin hilflos. Wie kommt man aus einer solchen Situation wieder heraus? Es gibt keinen Weg. Susann rennt in ihr Zimmer, schlägt die Tür hinter sich zu. Wir anderen sitzen betroffen am Tisch. Es gibt nur eine Möglichkeit. Eine vernünftige Traumatherapie, die Susanns Erinnerungen an ihre frühe Kindheit aufarbeitet und sie zumindest von einigen ihrer Leiden befreit.

Es geht uns schlecht

Die Tage nach dem Wendepunkt sind für uns drei grausam. Wir stellen automatisch vier Teller auf den Esstisch, räumen einen wieder weg. Ich spüre:

Diese Entscheidung hat noch lange Folgen und wir werden noch lange brauchen, um sie zu verarbeiten.

Ruth leidet unter starken Magenschmerzen und kann nicht zur Arbeit gehen. Jeannett geht nicht zur Schule. Ich habe sie entschuldigt. Nur ich gehe zum Dienst; vielleicht, um mich abzulenken. Es muss ja irgendwie weitergehen.

Ich besuche Susann in der Krisengruppe, um ihr noch einige Sachen zu bringen. Sie begrüßt mich herzlich. Ruth und Jeannett können in diesem Zustand des emotionalen Aufgewühltseins eine Konfrontation nicht durchstehen. Das verstehe ich. Susann scheint entspannt, oder sollte ich sagen, resigniert? Nein, eigentlich nicht. Sie wirkt ruhig, aber nicht depressiv. Sie hat Kontakte zu den anderen Jugendlichen aufgenommen; sie ist die Jüngste. Dennoch weiß ich: Es ist für Susann ein erneuter Bindungsabbruch. Ich weiß nicht, welche Folgen das haben wird, ich hoffe nur, dass es Fachleute geben wird, die ihr helfen, die Trennung und ihre seelischen Verletzungen zu überwinden. Und ich will das Meine dazu tun, um die Folgen zu lindern. Das ist mein fester Entschluss.

Zum Glück haben wir schon länger durch das Jugendamt eine Supervision genehmigt bekommen, die uns schon viel geholfen hat. Die Supervisorin bestärkt uns in unserer Entscheidung. Sie bestätigt uns: Susann konnte wegen ihrer vielfältigen Traumatisierungen die Nähe in einer Familie nicht ertragen, wenn sie sie auch zeitweise als schön empfunden hat. All die gemeinsamen Urlaube, unsere Verwandten und Freunde, die sie vorbehaltlos akzeptiert haben, ihr Erfolg im Sportverein, wo sie sich richtig austoben konnte…

Das Fazit: Es war richtig so, es ging nicht anders. Deshalb geht es ihr im Heim auch besser.

Es ist das Ende eines langen Leidensweges für unsere Familie. Wir hoffen, dass ab nun alles besser wird. Aber wir haben die Rechnung ohne den Wirt gemacht. Susanns Schicksal wird uns noch lange beschäftigen.

Printed by Books on Demand GmbH, Norderstedt / Germany